U0900651

权威·前沿·原创

皮书系列为
“十二五”“十三五”国家重点图书出版规划项目

BLUE BOOK

智库成果出版与传播平台

甘肃蓝皮书

BLUE BOOK OF GANSU

甘肃社会发展分析与预测（2021）

ANALYSIS AND FORECAST ON SOCIAL DEVELOPMENT OF GANSU (2021)

主　编／王　琦　包晓霞　冯乐安

社会科学文献出版社

SOCIAL SCIENCES ACADEMIC PRESS (CHINA)

图书在版编目(CIP)数据

甘肃社会发展分析与预测.2021 / 王琦，包晓霞，冯乐安主编. -- 北京：社会科学文献出版社，2021.1
（甘肃蓝皮书）
ISBN 978 - 7 - 5201 - 6205 - 0

Ⅰ.①甘… Ⅱ.①王… ②包… ③冯… Ⅲ.①社会分析 - 甘肃 - 2021②社会预测 - 甘肃 - 2021 Ⅳ.①D674.2

中国版本图书馆 CIP 数据核字（2020）第 263793 号

甘肃蓝皮书
甘肃社会发展分析与预测（2021）

主　　编 / 王　琦　包晓霞　冯乐安

出 版 人 / 王利民
组稿编辑 / 邓泳红
责任编辑 / 吴　敏
文稿编辑 / 吴云苓

出　　版 / 社会科学文献出版社 · 皮书出版分社（010）59367127
地址：北京市北三环中路甲 29 号院华龙大厦　邮编：100029
网址：www.ssap.com.cn
发　　行 / 市场营销中心（010）59367081　59367083
印　　装 / 三河市东方印刷有限公司

规　　格 / 开 本：787mm × 1092mm　1/16
印 张：17　字 数：221 千字
版　　次 / 2021 年 1 月第 1 版　2021 年 1 月第 1 次印刷
书　　号 / ISBN 978 - 7 - 5201 - 6205 - 0
定　　价 / 158.00 元

《甘肃社会发展分析与预测（2021）》编辑委员会

主要编撰者简介

王　琦　甘肃省社会科学院党委委员、纪委书记。历任甘肃省医药管理局医药总公司经贸处副处长、行业管理处副处长、市场营销处副处长，甘肃岷县副县长，甘肃省医药行业管理办公室规划发展处处长，甘肃省精神文明建设指导委员会办公室秘书处处长、协调处处长、副主任。先后主持完成中央文明办和甘肃省文明委关于农村精神文明建设工作调研、志愿服务工作调研、甘肃省治理高价彩礼专项调研等多项重点课题，被中央文明办和省文明委采用。在《甘肃日报》发表多篇评论员文章、甘肃省精神文明建设工作实践和典型宣传文章，推出了一批在全国有影响力的先进典型。

包晓霞　甘肃省社会科学院研究员，主要研究领域为社会学理论与方法、人口问题、社会评估、公共政策。主要研究成果有《社会制度建构》（专著）、《边缘化与边际性乡村社会》（合著）、《甘肃人口发展战略研究》（合著）、《健康中国2020甘肃战略研究》（合著），《现代西方社会心理学中关于自我研究的基本论概述》（论文）、《中国计划生育协会组织发展的若干理论与实践问题探析》（论文）、《贫困研究综述》（论文）、《中国西北贫困地区农户的社会资本特征——基于400份农户问卷调查的初步分析》（论文）。担任《甘肃社会发展分析与预测》（2009～2020年，2012年除外）主编、首席专家。

冯乐安 甘肃省社会科学院副研究员，公共政策研究所副所长。主要研究领域为社会学理论与方法、人口社会学。主要研究成果有《典型民族地区流动人口状况及特征比较》《80后受教育水平与青年人力资本地区差异》等。在《中国青年研究》《甘肃社会科学》《南方人口》等刊物发表论文数篇，曾先后主持国家社会科学基金项目、甘肃省社会科学规划项目。

总 序

“甘肃蓝皮书”是甘肃省社会科学院倾力打造的全面反映甘肃经济、政治、社会、文化、生态等各领域发展最新情况的智库研究成果转化平台。多年来，在省委省政府及有关部门、单位的支持下，经过全院科研人员的合力攻坚，“甘肃蓝皮书”研究成果日益丰富，社会影响力日益扩大，已由最初的院内科研平台，发展成为如今的甘肃省内智库服务党委政府决策和全省经济社会发展的重要品牌、社会科学的学术品牌、思想文化领域的标志品牌，甘肃有关部门、行业和地方工作成就的展示品牌。

“甘肃蓝皮书”的诞生与发展，生动记录了甘肃省经济社会的巨大变迁和人民群众关注点的时代变化，充分展现了传统社会科学研究机构向现代特色智库、高端智库、数字智库转型的发展历程。2006 年《甘肃经济社会发展分析与预测》《甘肃舆情分析与预测》面世，标志着“甘肃蓝皮书”正式诞生。至“十一五”末，《甘肃社会发展分析与预测》《甘肃县域和农村发展报告》《甘肃文化发展分析与预测》相继面世，“甘肃蓝皮书”由原来 2 种增加到 5 种。2011 年首倡甘肃、陕西、宁夏、青海、新疆西北五省区社科院联合编研出版《中国西北发展报告》。从 2014 年起，加强与省内重要部门和市（州）合作，先后与省住房和城乡建设厅、省民族事务委员会、省商务厅、省统计局、酒泉市共同编研出版《甘肃住房和城乡建设发展分析与预测》《甘肃民族发展报告》《甘肃商贸流通发展报告》《甘肃酒泉经济社会发展报告》。2018 年与省精神文明办、平凉市合作编研出版《甘肃精神文明发展报告》《甘肃平凉经济社会发展报告》。2019 年与省文化和旅游厅、临夏州合作编研出版《甘肃旅游业发展报告》《临夏回族自治州经济社会发展形势分析与预测》。2020 年与兰州市合作编研出版《兰州市经济社会发展形势分析与预测》，与宁夏、青海、内蒙古、陕西、山西、河南、山东等省区社科院合作编研《黄河流域蓝皮书——黄河流域生态保护和高质量发展报告》。至此“甘肃蓝皮书”的编研出版规模发展到 16 本，涵盖了经济、政治、社会、文化、县域、住建、商贸、旅游、民族等领域，地域范围从省内市（州）拓展到“丝绸之路经济带”、黄河流域的国内主要相关区域。

2020 年“甘肃蓝皮书”继续秉持稳定规模、完善机制，提升质量、扩大影响的编研理念，在选题和框架设计方面，紧密结合世情、国情、党情及省情实际，围绕中心、服务大局，紧跟时代、反映当下。“甘肃蓝皮书”始终坚持追踪前沿、创新驱动、服务党委政府宗旨，坚定不移走高质量发展之路。一是密切跟踪学术前沿，持续拓宽研究视野，及时掌握新思想、新观点、新论断，坚持基础研究和应用研究并重，突出“甘肃蓝皮书”优势、特色。二是坚定开放合作，更好利用省内外创新资源，提升创新能力，大力促进大数据、云平台、人工智能等技术与社科研究渗透融合，建构数字化时代蓝皮书编研体系，驱动“甘肃蓝皮书”向更高质量、更高水平发展。三是面向全省发展需求，聚焦全局性、战略性和前瞻性的重大理论与现实问题，向党委政府决策和社会提供事实依据充分、分析深入准确、结论科学可靠、对策具体可行的研究成果，促使“甘肃蓝皮书”更加“接地气”。

在“十四五”时期，甘肃省社会科学院作为省属综合性社会科学研究机构和智库，将坚持以习近平新时代中国特色社会主义思想为指导，认真贯彻党的十九大及十九届二中、三中、四中、五中全会精神，全面落实习近平总书记对甘肃重要讲话和指示精神，立足新发展阶段，贯彻新发展理念，进一步聚焦甘肃“十四五”时期经济社会发展的重大问题，开展应用研究、战略研究、对策研究，切实发挥好决策咨询、资政建言、服务党委政府作用，沿着打造西部最具国内外影响力的现代特色智库、高端智库、数字智库的方向扎实迈进。

凝心聚力著华章，守正创新谱新篇。站在“两个一百年”历史交汇点上，相信在各方共同努力下，“甘肃蓝皮书”将继续提升学术影响力和品牌知名度，展现“甘肃风格”，彰显“陇原品质”，成为服务党委政府科学决策更有价值的参考书，成为深度了解和认识甘肃省情的重要窗口，从而为加快建设幸福美好新甘肃、不断开创富民兴陇新局面提供智力支持和理论支撑。

此为序。

王福生

2020年12月6日

摘　要

《甘肃社会发展分析与预测（2021）》是“甘肃蓝皮书”系列成果之一，由甘肃省社会科学院组织社会学科研人员撰写。本书以“五位一体”总体布局和习近平总书记视察甘肃重要讲话精神为根本统领，总结和回顾了2020年甘肃社会建设取得的成就，分析和梳理了甘肃当前社会发展中存在的问题和挑战，并尝试提出了对策建议，为进一步思考和把握甘肃社会发展实际与政策导向提供了有益参考。

全书分为“总报告”“发展篇”“专题篇”“疫情防控篇”四个部分。总报告指出2020年甘肃社会发展总体呈现稳中有进、进中向好的态势，主要表现在经济社会发展成绩显著、就业形势稳定、居民收入与消费模式不断升级、社会保障体系进一步完善、精准扶贫全面完成、疫情防控成绩斐然等方面。发展篇侧重综合分析，对甘肃城乡居民生活质量、社会救助总体形势、公共安全形势以及城市发展形势展开了分析。专题篇侧重具体领域，对甘肃科技创新机制优化、农村社会治理创新、脱贫攻坚与乡村振兴有效衔接、城市化进程中新市民状况、大学生返乡创业、生态文明建设路径等进行了研究。疫情防控篇聚焦突发公共卫生事件，对基层防控新冠肺炎疫情经验、地方政府应对突发公共卫生事件、疫情期间流动人口管理、居民健康生活方式等进行了分析，并提出了相关对策建议。

本书认为，2020年甘肃经济稳步运行，新动能持续增长；就业形势总体保持稳定，就业总量达到新的高峰；居民收入不断增长，消费贡献明显提升；社会保障覆盖面进一步扩大，社会保障体系进一步健全；脱贫攻坚成效显著，贫困地区面貌焕然一新；疫情防控取得重大战略成果，防疫抗疫树立国际标杆。2021 年甘肃要努力应对经济下行压力，推动高质量发展；不断加强人力资本建设，提高劳动力素质；改革收入分配制度，倡导理性消费；统筹布局完善社会保障体系建设；做好精准扶贫和乡村振兴战略的有效衔接；加强常态化疫情防控和公共卫生服务体系建设，进而为决胜全面建成小康社会，加速建设幸福美好新甘肃，不断开创富民兴陇新局面做出新的贡献！

关键词：甘肃　社会发展　社会保障　精准扶贫

Abstract

Analysis and Forecast on Social Development of Gansu (*2021*), is one of the achievements of *Blue Book of Gansu* series, which was organized and written by the sociological researchers of Gansu Provincial Academy of Social Sciences. This book takes the overall layout of "five in one" and the important instructions of General Secretary Xi during his visit to Gansu. It summarizes and reviews the achievements of Gansu's social construction in the past year. And it also analyses and sorts out the problems and challenges existing in Gansu's current social development. These researchers try to provide countermeasures and suggestions for further thinking and grasping the actual and policy orientation of social development in Gansu.

The book is divided into four parts: General Report, Development Reports, Special Topics and NCP Prevention and Control Reports. The General Report pointed out that in 2020, the social development of Gansu generally showed a trend of stability and progress. The main manifestations are as follows: remarkable achievements in economic and social development, stable employment situation, continuous improvement of residents' income and consumption, further improvement of the social security system, remarkable achievements in precision poverty alleviation, and epidemic prevention and control. The Development Reports focuses on comprehensive analysis and analyzes the quality of life of urban and rural residents in Gansu, the overall situation of social security, the public security situation and the urban development situation. The Special Topics focus on specific areas, including the research on Gansu rural social governance, scientific and technological capabilities innovation, and comprehensive environmental governance. The NCP Prevention and Control Reports focus on the remarkable achievements have been made in epidemic prevention and control.

The book holds that: Gansu's economy is running steadily in 2020, new kinetic energy continues to grow; the overall employment situation remains stable, and the total employment volume reaches a new peak; residents' incomes continue to grow, and consumption contribution increases significantly; society the coverage of protection has been further expanded, the social security system has been further improved, the effectiveness of poverty alleviation has been remarkable, and the poverty-stricken areas have taken on a new look; the ecological environment has been continuously improved, and the remarkable achievements have been made in epidemic prevention and control. The blue book suggests that: in 2021, Gansu should strive to cope with the downward pressure of the economy to promote high-quality development; continuously strengthen the construction of human capital to improve the quality of the labor force; reform the income distribution to promote rational consumption; improve the construction of the social security system; and do an effective connection between the targeted poverty alleviation and rural revitalization strategies; strengthen normalized epidemic prevention and public health service system construction. Through these can further build a well-off society, accelerate the construction of a happy and beautiful new Gansu!

Keywords: Gansu; Social Development; Social Security; Targeted Poverty Alleviation

目　录

Ⅰ　总报告

Ⅱ　发展篇

Ⅲ 专题篇

Ⅳ 疫情防控篇

CONTENTS

I General Report

II Development Reports

Ⅲ Special Topics

Ⅳ NCP Prevention and Control

总 报 告

General Report

B.1 2020～2021年甘肃社会发展形势分析与预测

冯乐安*

摘 要： 本报告全面分析了甘肃社会发展的总体形势，主要侧重就业状况、收入消费、社会保障、精准扶贫、疫情防控等五个领域。通过总结过去一年甘肃社会发展主要成绩，认为2020年甘肃社会发展形势良好，就业形势总体保持稳定，居民收入不断增长，社会保障覆盖面进一步扩大，脱贫攻坚全面完成，疫情防控成果显著。为了进一步提升甘肃社会建设水平，2021年甘肃应该重视人力资本建设提高劳动力技能水平，改革收入分配倡导理性消费，统筹布局完善社会保障体系建设，推进精准

* 冯乐安，甘肃省社会科学院公共政策研究所副研究员，研究方向为城市社会学、人口社会学。

扶贫与乡村振兴有效衔接，加强常态化疫情防控和公共卫生服务体系建设。

关键词： 甘肃 就业 收入消费 社会保障 精准扶贫

一 2020年甘肃社会发展总体形势

2020年甘肃各级各部门认真贯彻落实党中央、国务院决策部署，在常态化疫情防控前提下，扎实做好“六稳”工作，全面落实“六保”任务，全力拓展存量、创造增量，加快恢复生产生活秩序，统筹推进疫情防控和经济社会发展工作，并取得明显成效。上半年，全省生产需求加快改善，积极因素不断增多，经济回升向好态势持续显现。民生政策充分落实，就业形势不断好转，民生支出显著增加，居民收入稳步提升，人民生活持续改善，群众获得感和幸福感进一步增强。

面对突如其来的新冠肺炎疫情冲击，甘肃抢抓国家政策机遇，争取国家下达中央预算内投资179.2亿元，争取抗疫特别国债123亿元，有力促进了重大公益性项目和基础设施补短板项目实施。前三季度，甘肃经济发展形势良好，地区生产总值6444.3亿元，同比增长2.8%，增速比上半年提高1.3个百分点。预计2021年，随着疫情防控常态化以及各项政策的落实，甘肃经济将稳步发展，迈上新的台阶。

（一）就业形势总体保持稳定，就业总量达到新的高峰

根据统计，截至2019年底，甘肃省就业人口总数达到1549.45万人，城镇就业人员656.66万人，新增就业人口39.22万人，失业人员再就业16.2万人，城镇登记失业率为3.0%；全年实现转移城乡富余劳动力518.5万人，其中省外输转191.1万人，省内输转

327.4万人。

2020年前三季度，甘肃城镇新增就业29.04万人，完成年度任务的85.4%；共输转城乡富余劳动力525.4万人，同比增长1.4%，完成年计划的105.1%；城镇登记失业率为3.1%。随着疫情防控形势的进一步好转，预计2021年甘肃城镇就业人口数量进一步增长，农村就业人口数量逐渐下降，城乡居民就业质量稳步提升。

（二）居民收入不断增长，消费贡献明显提升

据统计，2019年甘肃省城镇居民人均可支配收入达到32323.4元，同比增长7.9%，农村居民人均可支配收入达到9628.9元，同比增长9.4%；2019年甘肃居民消费价格比上年上涨2.3%，商品零售价格上涨1.9%；2019年全年甘肃省城镇居民人均消费支出达到24453.9元，比上年增长8.2%，农村居民人均消费支出9693.9元，增长6.9%；城镇居民恩格尔系数为28.6%，农村居民恩格尔系数为29.2%。

2020年前三季度，甘肃城镇居民人均可支配收入25064元，同比增长4.2%，增速比上半年提高0.9个百分点；农村居民人均可支配收入6877元，增长6.7%，增速提高0.8个百分点。2020年前三季度，甘肃省居民消费价格同比上涨2.4%，涨幅比上半年回落0.1个百分点。分类别看，在食品烟酒价格中，粮食上涨1.5%，鲜菜上涨11.7%，猪肉价格上涨64.0%，比上半年回落7.1个百分点。9月，居民消费价格同比上涨2.2%，涨幅比8月回落0.2个百分点；环比上涨0.3%。

（三）社会保障覆盖面进一步扩大，社会保障体系进一步健全

健全的社会保障体系是稳定社会发展、调节社会公平的必要手段。近年来，随着社会保障领域各项改革的全面深入，甘肃省居民的

社会保障水平全面提升，一张全面、健全的社会保障网已经织成，具体包括：参加基本社会保险的城乡居民不断增加，2019 年末全省共有 40 万人享受了城市居民最低生活保障，138 万人享受农村居民最低生活保障，9.3 万人享受农村特困人员救助供养。

为有效缓解群众看病、吃药经济压力，全面兜底民生，2020 年甘肃城乡居民基本医疗保险人均财政补助标准新增 30 元，达到每人每年不低于 550 元。其中，人均中央财政转移支付补贴 440 元，省市县财政共同承担 110 元。同时，个人缴费标准增加 30 元，个人人均缴费不低于 280 元。其中，大病保险筹资按照每人 90 元/年标准实施。全省明确了政策范围内住院费用支付比例达到 70%，同时实现了全面落实大病保险，以及高血压、糖尿病等门诊用药保障机制，进一步为群众门诊看病吃药花费报销提供了便利。

（四）脱贫攻坚成效显著，贫困地区面貌焕然一新

甘肃受历史、自然、地理等因素影响，贫困面积大、贫困人口多、贫困程度深。为最终打赢脱贫攻坚战，实现与全国人民共同迈入小康社会的目标，甘肃省进一步增加投入，2019 年全年投入财政专项扶贫资金 207.67 亿元，其中向重点扶贫地区“两州一县”投入扶贫资金达到 52.78 亿元，向省定的 18 个深度贫困县投入扶贫资金总计 74.44 亿元。确保按照责任目标，实现藏区整体脱贫，全省减少贫困人口 93.5 万人，贫困发生率下降到 0.9%，进一步为全面建成小康社会打下了坚实基础。

2020 年，甘肃着力推进教育扶贫、产业扶贫、消费扶贫、异地安置等扶贫模式，对尚未脱贫的深度贫困地区“硬骨头”实行责任倒逼，挂牌督战；全面压实责任，加快推进全省农村电网、路网、通信等基础设施建设，确保全年如期完成既定“两通”攻坚兜底任务。同时，继续紧盯兜底性问题，继续紧盯“两不愁、三保障”突出问题，通过

对脱贫攻坚"回头看"，确保责任、政策等工作落实方面没有遗漏，坚决保障各项工作任务清零无欠账，全面完成脱贫攻坚任务。

（五）疫情防控取得重大战略成果，防疫抗疫树立国际标杆

在全球范围内暴发蔓延的新冠肺炎疫情，几乎波及了世界的各个角落。中国采取防控手段最为坚决，疫情防控效果最为有效。中国应对新冠肺炎疫情的严防严控和免费救治模式在实际抗疫过程中展现了非比寻常的治理效果，在世界范围内得到了越来越多的肯定与赞同。

正确应对疫情暴发，严防严控疫情传播，在压力下保持社会正常运转，对困难群体进行特殊救助，适时开展复工复产，在疫情防控常态化条件下进行各种正常的社会活动，最终实现重大社会风险下的正常发展，是本次疫情期间中国完整的应对经验。各地始终坚持把疫情防控作为一项重要政治任务，抓紧抓细抓实各项常态化防控举措，疫情防控取得重大战略成果。特别是 2020 年 3 月，伊朗回国人员在甘肃隔离救治，中医中药治疗效果良好，得到了国内外一致赞誉。

二　2021年甘肃社会发展面临的困难与挑战

（一）城乡居民就业不均衡现象仍然存在

当前，农村居民在就业机会、就业服务和就业权益等方面，仍然与城镇居民存在很大差距，严重制约了农村劳动力的有效转移和转移后在城镇就业的稳定性与积极性。同时，农村劳动力由于整体受教育水平不高，缺乏专业技能，难以在城市立足。在新旧动能转换的历史时期，无法胜任各行业的转型升级，从而为统筹城乡就业带来了很大的挑战。

受新冠肺炎疫情的影响，困难群体的就业问题进一步凸显。特别是贫困人口、患病人群、残疾人等群体，是当前精准扶贫和稳定就业

的困难群体。上述人群要么面临身体或健康带来的问题，要么由于文化程度低、技能水平低，难以胜任第二、第三产业诸多工种需要，转移就业受到很大的限制。就业困难人群，在劳动力市场上处于边缘化状态，难以获得相关信息和机会。总体来看，要改善贫困人口、患病人群、残疾人等群体的就业状况，还需要一个不断发展完善的过程。

（二）城乡居民收入与消费结构仍不平衡

目前，我国经济社会发展活力持续增强，但甘肃城市反哺农村、城市帮助农业的有效局面尚未形成。从增加收入的现状来看，甘肃城乡居民收入“剪刀差”还没有消除，甚至进一步扩大。2020 年上半年，全省城镇居民人均可支配收入达到 15842 元，同比增长 3.3%；农村居民人均可支配收入达到 4422 元，同比增长 5.9%。① 从增速来看，虽然农村居民人均收入增速要高于城镇居民，但绝对差距依然在扩大，尚无城乡居民收入差距缩小的迹象。城乡居民收入差别如此之大，也从侧面显示了当前城乡居民收入不均衡的现实情况。

近年来，甘肃城乡居民生活必需品的消费水平逐年上升。2019 年甘肃城镇居民人均消费支出 24453.9 元，比上年增长 8.2%；农村居民人均消费支出 9693.9 元，增长 6.9%。城镇居民恩格尔系数为 28.6%，农村居民恩格尔系数为 29.2%。可以看出，农村居民恩格尔系数高于城镇居民，农村居民收入明显低于城镇居民。当前，仍然需要警醒的是，在全省居民生活必需品消费中，还存在着较大比例的烟、酒等危害身体健康的消费品消费，消费结构不合理的现象依然较为普遍。

---

① 甘肃省统计局：《2020 年上半年全省国民经济运行情况》，2020 年 7 月 21 日。

（三）社会保障水平有待提升

目前，随着全省经济社会等各项事业的持续发展，甘肃省的社会保障事业面临向好的机遇期，具体表现为全省参保人数持续增加，保险的结构得到优化。但在取得成绩的同时，也应该看到，甘肃社会保障事业，还存在总体保障水平低、城乡差距大等需要解决的结构性问题。

特别是面对新的社会结构、流动人口参保，进一步保障城市贫困家庭参加社会保险方面还存在显著困难。同时，在面临老龄化社会问题的背景下，城乡居民基本养老保险的缴费标准和待遇还比较低，面对群众吃药看病“费心事”的医疗保险报销范围依然有限。目前，城市的社会保障制度所涉及的保障项目比较齐全，并且参与社会保险的人数众多，相比而言，农村社会保障无论是在社会保障制度方面还是参加社会保险的人数方面均与城市相差较大。

（四）脱贫攻坚与乡村振兴衔接任务艰巨

甘肃的贫困地区分布在广袤的黄土高原，由于土地贫瘠、自然资源匮乏、生态环境脆弱，产业扶贫难度很大，群众生活方式保守落后。很多深度贫困村，贫困发生率高，基础条件薄弱、致贫原因复杂。在对外交通、住房安全、基本医疗、教育培训等方面短板明显，改善提升的成本高、难度大。特别是2019年和2020年的脱贫人口中，自身动力不足、因病因残致贫的贫困人口比例较高，这也是打赢脱贫攻坚战必须要啃下的“硬骨头”。

摆脱困扰中华民族千年来的绝对贫困，实现第一个百年奋斗目标，是我们党的庄严承诺，在全面建成小康社会的伟大时刻，我们更应该意识到没有农民的小康，就没有全社会的小康，小康不小康，关键看老乡。2020年是脱贫攻坚战收官之年，2021年是乡村振兴的开局之年。既要有力推进防止返贫工作，也要大力推进乡村振兴工作，特别是在“十四五”规划编制过程中，要做好脱贫攻坚与乡村振兴的有效衔接。

（五）防疫抗疫形势依然严峻

受全球疫情影响，国内多地也出现了疫情波动。因此，当前疫情防控形势依然严峻，特别是基层防疫不容忽视。重视基层防疫，打赢基层疫情防控阻击战，是“战疫”极为重要的基础环节。随着企业复工，城市尤其是一线城市的社区防疫将承受巨大压力。

流行病转变理论认为，现代社会人为因素导致的疾病是造成人口死亡的一个重要因素。大量的研究结果表明，不管是 SARS 病毒还是新冠肺炎病毒很可能都是动物携带，但由于人为活动而感染人类的。因此，对病毒传播途径的阻断以及人类行为的合理制约成为公共卫生工作的重要内容。我国长期处于社会主义初级阶段，公共卫生体系建设还存在一定的不足，防疫抗疫仍然面临诸多挑战。

三　2021年甘肃社会发展态势和政策建议

（一）重视人力资本建设，提高劳动力技能水平

各级政府应在政策引导上发挥积极作用，加大对人力资本的投资和科技研发的投入，充分利用甘肃目前及未来几年比较充足的劳动年龄人口红利。给企业和大专院校科技研发以优厚的政策鼓励，有力地促进技术进步，提高劳动者的整体素质和技能。有效地配置劳动力资源，保持经济的高速增长。特别是在“十四五”规划编制过程中，将努力促进和解决就业作为重点内容之一。坚持就业优先战略和积极就业政策，实现更高质量和更充分的就业。

与此同时，要加强基础和高等教育建设，改善劳动力知识和技能结构，最大幅度地提高劳动年龄人口的就业技能水平，以适应产业发展的需要。特别要重视高中阶段之后的专业技能发展，不仅要拓展劳动者的就业选择范围，而且要有效地减少低年龄劳动人口过早进入劳动力市场的现象。从长远来看，要努力实现就业机会的均等化，通过社会各界的共同努力，共建一个让每个劳动者都活出尊严的和谐社会。

（二）改革收入分配制度，倡导理性消费

当前，收入差距扩大，已经成为影响社会公平正义的严肃话题。面对收入差距扩大，社会阶层流动性不强，政府必须要发挥“另一只手”的作用，进一步深化收入分配改革，特别是提高劳动要素在收入分配中的比重，使全体社会成员坚信，美好生活都是靠辛勤劳动奋斗得来的。同时，也要注意使用税收、转移支付等手段改善收入分配现状，促进实现社会公平正义。同时，还是要依靠发展，特别是从实现城镇化这一道路入手，通过实现农村剩余劳动力转移等方式，解决城乡收入分配差距问题。同时，要通过深化改革促进农村生产要素进一步进入市场，促进包括劳动力在内的生产要素的自由流动，减少农村剩余劳动力数量，获取由市场配置资源的高效率，① 找到农民增收的新增长极。

当前，第一个百年奋斗目标即将实现，我们即将踏上建设社会主义现代化国家的新征程。从常规的学术意义来理解，现代化一般是指随着工业化进程而实现的由传统农业社会向工业社会的转变。一般认为，工业化不但会带来经济领域的变化，也包括政治、社会、文化等相关领域的一系列变化。一般认为现代化带来的社会变化是全方位

① 蔡昉:《缩小收入差距　政府责无旁贷》,《中国党政干部论坛》2010 年第 6 期。

的、总体性的、结构性的。[①] 同时，在现代化的众多内容中，消费也是现代社会的标志之一。因此，下一步要继续加强健康生活理念培育，使健康生活理念深入人心。

（三）统筹布局完善社会保障体系建设

目前，我国已经形成了在全世界覆盖范围最大的社会保障网，特别是随着国家经济实力的进一步增强，城乡居民的社会保障水平也得到不断提升。参加基本社会保险的人数持续增加，社会保险的结构也在不断优化。因此，如何持续满足人民群众对美好生活的向往的需求，进一步织好社会保障“安全网”，积极回应民生关切，也是“十四五”规划需要积极回应的话题。要不断完善顶层设计，合理统筹布局。要完善养老服务体系、提升困难群体社会保障水平等。

社会保险的制度运行有赖于资金的支撑，社会保险远期基金支付压力很大，若要缓冲压力，必须逐步做实个人账户，真正实现现收现付向部分积累的模式转换，要加大对社会保障的资金投入，增收节支。探索将规模日益增大的社会保障基金投入资本市场，把保值增值的压力转变为良好的投资回报。要加快完善居家社区机构相协调、医养康养相结合的养老服务体系。要关注并解决城市贫困人口问题，健全农村留守老年人、留守儿童和留守妇女关爱服务体系。

（四）推进精准扶贫与乡村振兴有效衔接

2020 年是全面建成小康社会收官之年，现行标准下农村贫困人口实现全部脱贫。随着党中央乡村振兴战略的提出，精准扶贫工作在某种程度上成为“乡村振兴”的“前哨站”和“基建工作”。当前

① 王宁：《消费系统现代化——一个扩大消费的社会学视角》，《中山大学学报》（社会科学版）2009 年第 6 期。

精准扶贫工作已进入收尾阶段，接下来的工作必然要聚焦巩固脱贫成果，提升脱贫质量，为乡村振兴夯实发展基础。

具体来看，首先，要全面出台由特惠向普惠逐步转型的惠农支农利农政策，实现乡村振兴与脱贫攻坚的有效衔接；其次，要继续加强乡村基础设施和公共服务体系建设，完善农村社会保障体系，改善民生；最后，要合理区分乡村振兴和精准扶贫的政策目标，结合地方特色，制定有区别的扶持政策。逐步将针对贫困户的福利性政策转变为提升乡村能力的发展性政策；同时要深入推进农村人居环境整治，加快垃圾处理设施建设，因地制宜做好村庄风貌规划改造。

（五）加强常态化疫情防控和公共卫生服务体系建设

面对这次新冠肺炎疫情防控工作，习近平总书记指出："抗击新冠肺炎疫情，是对国家治理体系和治理能力的一次大考。要研究和加强疫情防控工作，从体制机制上创新和完善重大疫情防控举措，健全国家公共卫生应急管理体系，提高应对突发重大公共卫生事件的能力水平。特别是要健全公共卫生服务体系，优化医疗卫生资源投入结构，加强农村、社区等基层防控能力建设，织密织牢第一道防线。"①只有不断完善公共卫生服务体系，才能有效化解突发公共卫生事件风险，从根本上提升应对突发公共卫生事件的治理能力和治理水平。

当前，全国上下万众一心，投入到疫情防控阻击战中。与此同时，还要统筹推进防范化解重大风险、乡村振兴、污染防治等重点工作。显然，上述工作的开展都与公共卫生工作密切相关。面对城镇化的快速发展和人口流动的不断加快，要继续加强常态化疫情防控，不断提升公共卫生设施建设水平。在城镇地区，应该进一步扩大生活垃

① 《习近平主持召开中央全面深化改革委员会第十二次会议并发表重要讲话》，新华网，2020年2月14日。

圾分类试点范围，要加强公共空间除菌工作，以防范人口密集导致的病菌传播风险。在乡村地区，要继续努力加强人居饮水安全建设，加大生活垃圾集中规范化处理，深入推进“厕所革命”等村庄清洁行动，从而为乡村振兴打下良好的公共卫生基础。

参考文献

甘肃省统计局、国家统计局甘肃调查总队：《2017 年甘肃省国民经济和社会发展统计公报》，《甘肃日报》2018 年 4 月 25 日。

甘肃省统计局、国家统计局甘肃调查总队：《2018 年甘肃省国民经济和社会发展统计公报》，《甘肃日报》2019 年 3 月 19 日。

甘肃省统计局、国家统计局甘肃调查总队：《2019 年甘肃省国民经济和社会发展统计公报》，《甘肃日报》2020 年 3 月 20 日。

甘肃省统计局、国家统计局甘肃调查总队：《2020 年上半年全省经济运行情况》，甘肃省统计局网站，2020 年 7 月 21 日。

甘肃省统计局、国家统计局甘肃调查总队：《2020 年前三季度全省经济运行情况》，甘肃省统计局网站，2020 年 10 月 22 日。

发 展 篇

Development Reports

B.2
2020 ~2021年甘肃城乡居民生活质量分析与预测

冯乐安*

摘 要: 本报告考察了甘肃城乡居民生活质量总体状况。通过分析城乡居民就业、收入、消费、医疗和社会保障等方面的基本情况，认为2020年甘肃城乡居民生活质量发展良好，具体表现为：就业质量稳步提升，收入水平不断增长，消费状况持续优化，医疗卫生事业明显改善，社会保障状况快速发展。为了进一步改善甘肃城乡居民生活质量，2021年应该调整就业机制增加社会活力，改革收入分配缩小城乡收入差距，鼓励理性消费倡导健康生活，全面加强公共卫生服务体系建设，逐步完善社会保障体系建设。

* 冯乐安，甘肃省社会科学院公共政策研究所副研究员，研究方向为城市社会学、人口社会学。

关键词： 甘肃 生活质量 收入与消费 医疗卫生

2020年甘肃省各级各部门认真贯彻落实党中央、国务院决策部署，科学统筹疫情防控和经济社会发展，坚持稳中求进工作总基调，坚持新发展理念，坚持以供给侧结构性改革为主线，坚持推动高质量发展，不断推进城乡居民生活质量提高。全省各级各部门始终坚持以人民为中心的发展理念，抓好民生政策的落实，着力扩大就业，增加民生支出，加大脱贫攻坚力度，居民收入稳步增加，人民生活持续改善，群众获得感和幸福感进一步增强。

一 甘肃城乡居民生活质量现状与发展趋势预测

（一）城乡居民就业质量稳步提升

就业问题事关千家万户，是民生之本。近年来，甘肃城乡居民就业质量不断提升，就业形势持续优化。全省城镇就业人口从2017年底的617.4万人，增长到2019年底的656.66万人，增长了39.26万人，平均每年增长约19.63万人。全省农村就业人口从2017年底的936.5万人，减少到2019年底的892.79万人，平均每年减少21.86万人（见图1）。

在全球经济下行的大背景下，2019年末甘肃就业人口达到1549.45万人，其中城镇就业人口656.66万人，所占比重达到42.38%。全年城镇新增就业39.22万人，失业再就业人口约16.2万人，城镇登记失业率稳定在3.0%。全年输转城乡富余劳动力518.5万人，其中省外输转191.1万人，省内输转327.4万人。

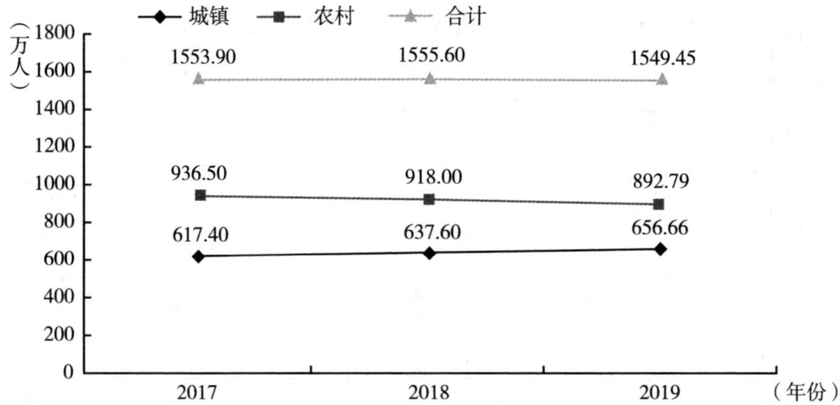

图1　甘肃省城乡居民就业人数变化趋势

资料来源：《甘肃省国民经济和社会发展统计公报》（2017～2019年）。

2020年前三季度，甘肃城镇新增就业29.04万人，完成年度任务的85.4%。共输转城乡富余劳动力525.4万人，同比增长1.4%，完成年计划的105.1%。城镇登记失业率3.1%。随着疫情防控形势的进一步好转，预计2021年甘肃城镇就业人口数量进一步增长，农村就业人口数量逐渐下降，城乡居民就业质量继续改善。

（二）城乡居民收入不断增长

收入决定着城乡居民的物质生活水平，是衡量生活质量最重要的指标之一。近年来，甘肃城乡居民收入水平快速增长。全省城镇居民人均可支配收入从2017年底的2.78万元，增长到2019年底的3.23万元，增长了16.2%；全省农村居民人均可支配收入从2017年底的0.81万元，增长到2019年底的0.96万元，增长了18.5%（见图2）。从增长幅度来看，2019年农村居民人均可支配收入增长幅度要高于城镇居民。

2020年前三季度，甘肃城镇居民人均可支配收入25064元，同比增长4.2%，增速比上半年提高0.9个百分点；农村居民人均可支

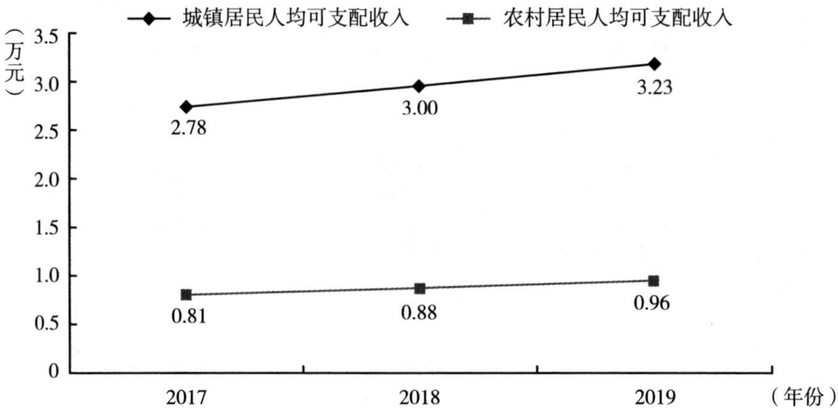

图2　甘肃省城乡居民收入变化趋势

资料来源：《甘肃省国民经济和社会发展统计公报》（2017～2019年）。

配收入6877元，增长6.7%，增速提高0.8个百分点。可以看出，一系列“调结构”“惠民生”政策的实施，以及精准扶贫工作的深入推进，保证了城乡居民收入水平的稳步提升。全省将以脱贫摘帽为契机，继续深入推进各项事业改革，城乡居民的收入水平会继续稳步提升，生活质量将不断改善。

（三）城乡居民消费状况持续优化

2019年全年甘肃居民消费价格比上年上涨2.3%，商品零售价格上涨1.9%。农产品生产者价格上涨9.9%，农业生产资料价格上涨1.1%。从2019年甘肃城乡居民家庭人均消费状况来看，城镇居民在食品烟酒、居住、交通通信领域消费所占比重较大，而农村居民在食品烟酒、居住、教育文化娱乐领域消费比重较大（见表1）。统计显示，2019年甘肃城镇居民人均消费支出为24453.9元，城镇居民恩格尔系数为28.6%；农村居民人均消费支出为9693.9元，农村居民恩格尔系数为29.2%。

表 1　2019 年甘肃城乡居民家庭人均消费状况

单位：元，%

项目	城镇		农村	
	数额	比上年增长	数额	比上年增长
生活消费支出	24453.9	8.2	9693.9	6.9
食品烟酒	6996.1	7.8	2827	4.9
衣着	1920.1	0.7	551.9	-1.1
居住	5621.8	11.1	1866.9	8.2
生活用品及服务	1455	0.6	577.6	12.4
交通通信	3050.2	24.6	1195.5	10.9
教育文化娱乐	2554.8	4.7	1330.5	10.7
医疗保健	2224.2	0.8	1183	4.5
其他用品和服务	631.7	4.6	161.5	0.9

资料来源：《2019 年甘肃省国民经济和社会发展统计公报》。

2020 年前三季度，甘肃省居民消费价格同比上涨 2.4%。9 月，居民消费价格同比上涨 2.2%，涨幅比 8 月回落 0.2 个百分点。随着科学技术的快速发展，人们的衣食住行正在发生巨大的变化。与此同时，由于消费水平和消费观念的不断变化，甘肃省城乡居民的生活质量也将进一步改善。例如，在服装领域，穿着体验更加舒适，季节区分度更大的衣服各式各样；在家电领域，智能化程度更高，功能更加多样化的电器迅速得到普及。

（四）城乡医疗卫生事业明显改善

医疗卫生事业是公共服务的重要内容，也是居民健康和生活质量的重要保证。从统计数据来看，甘肃医疗卫生事业快速发展，队伍不断优化。2019 年末甘肃共有医疗卫生机构 26692 个，专业公共卫生机构 1123 个；共有卫生技术人员 17.88 万人，医疗卫生机构床位

17.26 万张（见表 2）。医疗机构数量的不断增长和公共卫生服务水平的提升，保证了广大城乡居民的生活质量。

表 2　甘肃省医疗卫生事业发展状况

年份	医院、卫生院（个）	床位数（万张）	卫生技术人员（万人）
2017	1902	13.70	14.70
2018	2002	16.30	15.70
2019	2097	17.26	17.88

资料来源：《甘肃省国民经济和社会发展统计公报》（2017～2019 年）。

面对突发的新冠肺炎疫情，甘肃医疗卫生系统全员奋战，齐心抗疫，成绩斐然。2020 年 9 月，刘健等 20 人获评全国抗击新冠肺炎疫情先进个人，兰州市肺科医院党委等 5 个集体获评全国抗击新冠肺炎疫情先进集体，甘肃省卫生健康委员会疾病预防控制处党支部等 3 个集体获评全国先进基层党组织，张浩军等 3 人获评全国优秀共产党员。

（五）城乡居民社会保障状况快速改善

社会保障发展程度体现公共福利水平，是城乡居民生活质量的基础保障。近年来，甘肃城乡居民的社会保障水平不断提升，保障范围持续拓展。其中，基本社会保险参保人数不断上升，险种结构不断优化是最直观的表现。2019 年末，甘肃共有 40 万人享受城市居民最低生活保障，138 万人享受农村居民最低生活保障，9.3 万人享受农村特困人员救助供养。

最新政策表明，2020 年甘肃城乡居民基本医疗保险人均财政补助达到每人每年不低于 550 元。近年来，甘肃建设了国家集中采购中选药品结算及监测系统，预计 55 种药品首年采购总费用将从 1.9 亿余元降至 0.4 亿元左右。未来将推进药品和医用耗材集中带量采购的常态化工作，为群众提供更多质优价廉的药品和医用耗材。

二　甘肃城乡居民生活质量面临的挑战

（一）城乡居民就业结构仍不均衡

户籍制度的不断改革，一定程度上推进了城乡居民的就业平等。但是需要指出的是，农村居民在就业领域、就业渠道、就业质量方面，与城镇居民依然具有一定的差距。这种情形限制了农村劳动力的有效转移，同时对于城镇化质量也有一定的影响。不仅如此，农村劳动力整体受教育水平不足，也为统筹城乡就业带来了一定的困难。

2020年，受新冠肺炎疫情的影响，复工延长、灵活上班、流动人口滞留家乡反映为“待业”现象，待业时间延长意味着工作时间减少、工资收入下降。农民工返城受阻，短期就业冲击较大。用工企业面临停工、歇业甚至破产风险，农民工就业搜寻时间也将拉长。高校毕业生就业压力增大，就业渠道受阻。生活性服务业和劳动密集型制造业受到的影响较大，一批小微企业、个体工商户、农业合作社和养殖大户面临破产风险。餐饮、旅游、住宿、电影娱乐、教育培训、交通运输等季节性较强的行业受到冲击。

（二）城乡居民收入差距依然存在

近年来，经过精准扶贫政策的实施，产业扶贫效果凸显，农业收入快速增长。与城镇居民收入高度依赖工资性收入的情况不同，近年农村居民收入增长渠道更丰富，家庭经营净收入和转移性收入对可支配收入增长的贡献率越来越大。尽管农村居民收入增长快于城镇居民，但是不可否认的是城乡居民收入差距依然存在。

2020 年上半年，甘肃城镇居民人均可支配收入 15842 元，同比增长 3.3%；农村居民人均可支配收入 4422 元，同比增长 5.9%。[①] 虽然甘肃农村居民人均可支配收入同比增长略高于城镇居民，但是农村居民人均可支配收入绝对值还明显低于城镇居民人均可支配收入。两者存在差别，也从侧面显示了当前城乡居民收入存在一定差距的现实。

（三）城乡居民生活消费模式有待升级

近年来，甘肃省城乡居民生活必需品的消费水平逐年上升。2019 年甘肃城镇居民人均消费支出 24453.9 元，同比增长 8.2%；农村居民人均消费支出 9693.9 元，同比增长 6.9%。城镇居民恩格尔系数为 28.6%，略低于 29.2% 的农村居民恩格尔系数。可以看出，农村居民恩格尔系数高于城镇居民，农村居民收入明显低于城镇居民。

当前，随着居民健康意识的不断觉醒，人们逐渐减少了对烟、酒的消费。尽管如此，仍然需要警醒地认识到，在全省居民生活必需品消费中，还存在着较大比例的烟、酒等危害身体健康的消费品消费，消费结构不合理的现象依然较为普遍。从 2019 年甘肃城乡居民家庭人均消费状况来看，城乡居民还存在差异。其中，城镇居民在食品烟酒、居住、交通通信领域消费所占比重较大，而农村居民在食品烟酒、居住、教育文化娱乐领域消费比重较大。

（四）医疗卫生事业改革需要深化

尽管这些年来医疗卫生事业取得长足发展，特别是随着基层医疗卫生机构的不断建设和发展，广大群众的日常保健和就近治疗得到了很大的满足。当前的挑战是，虽然“看小病”的问题解决了，但是

① 甘肃省统计局：《2020 年上半年全省国民经济运行情况》，2020 年 7 月 21 日。

城乡医疗资源和医疗条件的不均衡矛盾依然突出。

受制于整体发展环境，基层医疗机构在硬件设施和医疗人才方面存在各种不足，优质的医疗资源都集中在规模较大的城市，特别是地级市和省会城市。一些危重疾病和疑难杂症，只有到大城市的大医院才能接受相对较好的治疗，“一床难求”的现象仍然较为普遍。困难家庭依然面临贫病交加的风险。

（五）城乡社会保障还有不足

随着经济社会的不断发展，社会保障事业进步明显，参保人数不断增多、保险种类明显增多、保险结构不断优化。但是，也应该看到在取得进步的同时，社会保障工作还存在一些短板和不足。突出表现是总体保障水平较低，城乡之间保险差异还比较明显。

保障范围存在较大差异。当前城镇职工社会保障包括养老、医疗和最低生活保障等多种保障项目，还有住房公积金等住房保障项目以及其他保障项目。对农村居民而言，保障种类相对较少。此外，城乡之间社会保障水平差异明显。农村居民基本养老保险的缴费标准和待遇还比较低，医疗保险的报销范围依然有限，不利于全社会整体社会保障水平的提升。

三　提升甘肃城乡居民生活质量的对策建议

（一）调整就业机制，增加社会活力

就业是民生之本，关乎整个社会的发展和稳定。当前，在全球经济不景气的大背景下，有必要将就业工作的重要性进一步强化。例如，在“十四五”规划编制过程中，将努力促进和解决就业问题作为重点内容之一。坚持就业优先战略和积极就业政策，实现更高质量

和更充分就业。在产业发展、项目论证的工作中，应该充分考虑就业因素的重要性，从而不断推进经济增长与促进就业协调发展。

要加强基础和高等教育建设，改善知识和技能结构，最大幅度地提高劳动年龄人口的就业技能水平，以适应产业发展的需要。特别重视高中阶段之后的专业技能发展，不仅能拓展劳动者的就业选择范围，还能有效地减少低年龄劳动人口过早进入劳动力市场的现象，缓解就业压力。从长远来看，要努力实现就业机会的均等化，通过社会各界的共同努力，共建一个让每个劳动者都活出尊严的和谐社会。

（二）改革收入分配制度，缩小城乡居民收入差距

要进一步深化收入分配制度改革，特别是突出劳动要素在收入分配中的作用，使全体社会成员坚信，美好生活都是靠辛勤劳动得来的。同时，也要注意使用税收、转移支付等手段改革收入分配制度，促进实现社会公平正义。针对当前的城乡收入差距，还是要依靠发展，特别是从实现城镇化这一道路入手，通过实现农村剩余劳动力转移等方式，解决城乡收入分配差距问题。

在“十四五”规划编制过程中，要认识到当前城镇化的主要方向是形成以城市群为主体构建大中小城市和小城镇协调发展的城镇格局，不断加快农业转移人口市民化。要深入总结城镇化发展规律，不断缩小甘肃各市州之间城镇化水平差距，促进流动人口、失地农民市民化，特别是要着力提升城镇化质量，努力践行以人为核心的新型城镇化。

（三）倡导健康生活以鼓励理性消费

进入21世纪以来，中国社会转型升级的总体目标就是建设现代化社会。从常规的学术意义来理解，现代化一般是指随着工业化进程而实现的由传统农业社会向工业社会的转化。一般认为，工业化不但

会带来经济领域的变化，也会带来政治、社会、文化等相关领域的一系列变化；现代化带来的社会变化是全方位的、总体性的、结构性的。[①] 在现代化的众多内容中，消费也是现代社会的标志之一。因此，下一步要继续加强健康生活理念培育，使健康生活理念深入人心。

要继续加强健康生活理念的培育，不仅要加大宣传，在社会上形成良好的舆论氛围，促使健康的生活理念深入人心。而且要形成具有梯度的消费品价格，引导居民理性消费。对于生活必需品价格要严格控制，保证居民基本的生活需求；对于烟、酒等产品，要进行价格调控，适当引入税、费以提高消费成本，从而使居民生活消费品结构更为合理。

（四）全面加强公共卫生服务体系建设

面对新冠肺炎疫情，为了更好地防范和应对突发公共卫生事件，应该不断加强公民公共卫生教育，特别是在义务教育阶段。要注重培养学生的公共卫生意识，加强学校公共卫生实践活动。此外，在全社会开展公共卫生大众教育活动，特别是针对个人防护、应急演练、应对风险方面，邀请专业机构在社区和单位进行讲解和培训。同时，还要加强法治教育，移风易俗，革除食用野生动物等陋习。通过一系列公共卫生教育实践活动，努力构筑起长效的公共卫生防护体系。

当前，全国上下万众一心，投入到疫情防控阻击战中。与此同时，还要推进防范化解重大风险、精准脱贫、污染防治这三大攻坚战。这些工作的开展都与公共卫生工作密切相关。面对城镇化的快速发展和人口流动的不断加快，要不断提升公共卫生设施建设水平。在

① 王宁：《消费系统现代化——一个扩大消费的社会学视角》，《中山大学学报》（社会科学版）2009年第6期。

城镇地区，应该进一步扩大生活垃圾分类试点范围，要加强公共空间除菌工作，以防范人口密集导致的病菌传播风险。在乡村地区，要继续努力提升人居饮水安全水平，加大生活垃圾集中规范化处理力度，深入推进"厕所革命"等村庄清洁行动，从而为乡村振兴打下良好的公共卫生基础。

（五）统筹布局，逐步完善社会保障体系

随着国家经济实力的进一步增强，城乡居民的社会保障水平也得到了不断提升。参加基本社会保险的人数持续增加，社会保险的结构也在不断优化。因此，如何持续满足人民群众对美好生活的向往，进一步织好社会保障"安全网"，积极回应民生关切，是广大民众关心的重要话题。要不断完善顶层设计，合理统筹布局。要完善养老服务建设、提升困难群体社会保障水平等。

要加大对社会保障的资金投入，增收节支，探索将规模日益增大的社会保障基金投入到资本市场，把保值增值的压力转变为良好的投资回报。要加快完善居家社区机构相协调、医养康养相结合的养老服务体系。要关注解决城市贫困人口问题，健全农村留守老年人、留守儿童和留守妇女关爱服务体系。特别是在"十四五"规划编制过程中，要不断完善顶层设计，合理统筹布局，不断完善社会保障体系。

参考文献

风笑天：《生活质量研究：近三十年回顾及相关问题探讨》，《社会科学研究》2007年第6期。

乌尔里希·贝克：《从工业社会到风险社会》，王武龙编译，《马克思主

义与现实》2003 年第 3 期。

甘肃省统计局、国家统计局甘肃调查总队：《2017 年甘肃省国民经济和社会发展统计公报》，《甘肃日报》2018 年 4 月 25 日。

甘肃省统计局、国家统计局甘肃调查总队：《2018 年甘肃省国民经济和社会发展统计公报》，《甘肃日报》2019 年 3 月 19 日。

甘肃省统计局、国家统计局甘肃调查总队：《2019 年甘肃省国民经济和社会发展统计公报》，《甘肃日报》2020 年 3 月 20 日。

甘肃省统计局、国家统计局甘肃调查总队：《2020 年上半年全省经济运行情况》，甘肃省统计局网站，2020 年 7 月 21 日。

甘肃省统计局、国家统计局甘肃调查总队：《2020 年前三季度全省经济运行情况》，甘肃省统计局网站，2020 年 10 月 22 日。

B.3
2020～2021年甘肃社会救助形势分析与预测

许振明*

摘　要：通过多年的建设实践，甘肃省初步建成了社会救助制度的框架体系。社会救助的覆盖面、覆盖层次、政策体系等方面都实现了由点到面、由局部到整体、由单层次到多层次的根本转变，初步建立起了适应社会主义市场经济要求的覆盖城乡的社会救助制度。

关键词：甘肃　社会救助　医疗救助

社会救助，是指国家和社会对由于各种原因而陷入生存困境的公民，给予财物接济和生活扶助，以保障其最低生活需要的制度。[①] 简单地说，社会救助就是"托底线、救急难、保民生"。作为社会保障体系的一个重要组成部分，因为保障对象、保障目标、资金来源、给付方式等不同，社会救助具有不同于社会保险、社会福利、优抚安置等保障项目的天然属性（见表1）。

---

* 许振明，甘肃省社会科学院副研究员，研究方向为社会保障和城市社会学。

① 侯丽艳：《经济法概论》，中国政法大学出版社，2012。

表1　甘肃城乡社会保障项目比较

社会保障项目		城市	农村
社会保险	养老保险	普遍建立	基本建立
	医疗保险	普遍建立	基本建立
	失业保险	普遍建立	无
	工伤保险	普遍建立	无
	生育保险	普遍建立	个别地区展开
社会福利	职工福利	福利设施、福利补贴、休假与补贴	无
	公办福利	社区服务、福利院、敬老院、干休所	五保供养、养老院、农村社区服务
	教育福利	九年义务教育	九年义务教育
社会救助		最低生活保障、临时救助	最低生活保障、临时救助
		城市扶贫	农村扶贫
优抚安置		优待、抚恤、安置	优待、抚恤、安置

一　2020～2021年甘肃省社会救助发展的基本情况

2020年以来，甘肃省全面贯彻习近平总书记视察甘肃重要讲话精神和“八个着力”重要指示精神，认真落实党中央、国务院关于社会救助工作的一系列重大决策部署，较好地完成了年度目标任务，在助推脱贫攻坚、抗击新冠肺炎疫情、应对暴洪灾害等方面发挥了社会救助应有的兜底保障作用，为全省经济发展和社会和谐做出了积极贡献。

（一）社会救助水平进一步提高

2020年，在保障人数大幅减少的情况下，中央财政下达甘肃省

2020年困难群众救助补助资金98.78亿元，比2019年增加了11.27亿元，增幅达到13%。全年下拨中央困难群众救助补助资金和省级配套资金122.5亿元，为保障困难群众基本生活提供了坚实的资金保障。一是持续提高保障标准。2020年，甘肃省城市低保标准年人均达到6924元，农村达到4428元，其中一、二类低保达到4428元和4200元。[①] 值得指出的是，这是自2008年以来连续13年提高城乡保障标准。二是加大临时救助力度。针对新冠肺炎疫情带来的影响，进一步完善主动发现机制，截至2020年6月底，临时救助人次达到72.7万人，共支出救助资金9.07亿元。三是及时落实临时补贴政策。有效缓解、抵消物价波动对城乡困难群众基本生活带来的不利影响，会同相关部门，及时启动社会救助和保障标准与物价上涨挂钩联动机制。认真落实国家相关部委对于阶段性价格临时补贴扩面提标的要求，2020年3~6月将补贴标准提高1倍，并将事实无人抚养儿童、孤儿纳入政策补贴范围进行救助。截至6月底，累计向全省城乡困难群众、低保对象等发放1~5月价格临时补贴共2.78亿元。

（二）应对突发公共卫生事件能力明显增强

新冠肺炎疫情发生后，甘肃省先后出台了《关于切实做好新型冠状病毒感染肺炎疫情防控期间有关社会救助工作的通知》《关于进一步做好困难群众基本生活保障工作的通知》，创新政策措施，切实保障困难群众基本生产生活。一是将单人困难户施保范围调整扩大至城乡低收入家庭中的重病患者、重残人员等特殊困难人群；二是对受疫情影响，无法外出务工、经营困难，基本生活困难的城乡居民，凡符合条件的，统统纳入救助范围；三是对受疫情影响，无法返岗返工且连续三月无收入来源，且未参保的农民工等临时失业人员，发放一

① 文中所用数据均来自省民政厅、省人社厅相关统计数据。

次性临时生活补贴；四是对重大事故、疾病等造成基本生活困难的家庭或个人，给予临时救助；五是将救助供养的未成年人的年龄从16周岁延长至18周岁；六是对已脱贫农村低保三、四类对象和重新就业、创业收入达到城市低保标准的城市低保对象，落实渐退机制，延长渐退期。同时，为解决困难群众受疫情影响无法到现场办理有关社会救助申请的问题，省政府办公厅在政务网上开通了社会救助在线申请渠道，在民政部网站和省民政厅网站、微信公众号上公布省、市、县三级社会救助服务申请电话，简化优化审核审批流程，方便困难群众申请救助。

（三）应对自然灾害的反应效率进一步提升

2020年7月、8月，受大范围强降雨影响，陇南、定西、庆阳、平凉、兰州、天水、白银、嘉峪关、甘南等地发生洪涝灾害，给人民群众生命财产造成巨大损失，严重影响了人民群众正常生产生活。甘肃省减灾委于8月22日启动省级自然灾害救助Ⅱ级应急响应。7月17日和8月24日，甘肃省民政厅分别下发了《关于贯彻落实习近平总书记重要指示精神　切实做好受灾困难群众救助帮扶工作的紧急通知》和《关于扎实做好受灾群众社会救助和民政服务机构安全保障工作的紧急通知》。灾情发生后，成立了防汛救灾工作领导小组，明确了工作职责。先后4次下发紧急通知，要求各地民政部门加强救助政策衔接，将符合条件的受灾困难群众全部纳入救助范围，切实保障好受灾群众的基本生活，同时对民政服务机构责任落实、预案完善、隐患排查、应急值守、灾情报送和防灾减灾宣传等工作进行细致安排部署，要求各地民政部门全力做好各项防汛救灾工作。

甘肃分3批次下拨全省困难群众基本生活救助补助资金122.5亿元，其中下拨陇南市15.13亿元（文县1.65亿元），为灾后全面开展困难群众基本生活救助提供了资金保障。同时，就甘肃省受灾情况向民政部及时进行了汇报沟通，恳请在下拨困难群众救助补助资金时，给予倾斜支持。

（四）特困人员基本生活权益得到有效保障

不断加大工作力度，持续改善分散供养特困人员基本生活条件，切实解决“视觉贫困”问题。一是积极与甘肃省人社厅沟通衔接，由省人社厅、省扶贫办等5部门联合下发《关于增加和调整乡村公益性岗位有关职责的补充通知》，通过采取调整养老护理员、增加爱心理发员职责等措施，监督和帮助分散供养特困人员监护人落实照料服务责任；二是主动协调省财政厅，继续通过政府采购发放实物的方式，为农村分散供养特困人员购买衣物、被褥等生活必需品，各地正在按程序开展招标采购工作；三是支持各地乡村妇联、青年志愿者等群团组织，为分散供养特困人员提供衣物换洗、环境打扫、仪容清洁等定期性关爱服务，消除个人卫生、生活环境脏乱差的现象，并由政府通过购买服务统一买单；四是集成并推广会宁等3县分散供养特困人员监护照料服务模式，汇编成册印发全省供各地学习借鉴，进一步推进农村分散供养特困人员监护照料服务工作全面落实。

（五）扎实推进三大专项行动

2020年2月27日，召开了全省脱贫攻坚兜底保障工作推进会，深入分析兜底保障面临的形势、存在的困难和问题，部署开展了三大专项行动。一是全面开展专项攻坚行动。指导各地民政部门在抓好疫情防控的同时，全面开展专项攻坚行动，在全省范围内建立了划片包抓负责制，整村逐户“解剖麻雀”，采取“地毯式”“过筛子”等有效措施，逐村逐户、逐人逐项开展核查认定，确保对象认定精准。二是深入开展挂牌督战行动。制定并印发了《脱贫攻坚兜底保障挂牌督战行动实施方案》，明确督战目标、范围、内容和分工。全程跟进8个未摘帽贫困县工作推进情况。相关部门主要负责人先后深入8个挂牌督战县开展调研督导，指导各地加大工作力度，准确执行兜底保障各项政策，切实保障好困难群众基本生活。三是深化农村低保专项治理。围绕“清理纠正突出问题，持续加大工作力度，切实强化组织保障”，不断拓展治理内容，深化治理措施。进一步规范群众信访事项办理流程，切实提高群众信访事项办理工作质量和水平，省民政厅共收到群众来电、来信、来访76件，已按照受理转办程序全部处理完毕，真正做到了事事有回音、件件有着落。

二　2020 ~2021年甘肃社会救助发展的特点

（一）医疗救助制度全面实现了城乡一体化

根据中央统一部署，甘肃省农村医疗救助、城市医疗救助分别于2004年、2005年开展试点工作，农村医疗救助在2005年全面建制。为顺应城乡一体化，甘肃省于2012年对农村医疗救助、城市医疗救助制度进行了整合，出台了《甘肃省城乡医疗救助办法》，打破了城乡户籍壁垒，明确了城乡医疗救助的对象、方式、程序和标准，从而使城乡困难群众享受同等的医疗救助政策，全面统一了救助资金的筹集、拨付，以及管理使用，建立了覆盖城乡困难群众的统一医疗救助制度。

（二）覆盖城乡居民的统一的临时救助制度全面建立

2009年，甘肃省在省级层面印发了《关于进一步建立健全城乡临时救助制度的通知》，临时救助制度在全省全面建立。临时救助不分城乡户籍，为符合救助条件的困难家庭提供临时性生活救助，并统一了救助范围、救助流程、救助标准、资金发放等，保证困难群众基本生活得到有效保障。

（三）社会救助各项政策衔接工作有序推进

近年来，甘肃省全面落实应急管理部、民政部《关于进一步加强衔接配合做好受灾群众基本生活保障工作的通知》要求，指导受灾地区民政部门加强与应急管理部门的沟通衔接，及时提供社会救助对象台账信息，配合应急管理部门在应急期、过渡期优先做好受灾低保对象、分散供养特困人员等特殊困难人员和因灾倒房重建户的救助工作。对经应急管理部门灾后应急期救助和过渡期救助后，仍存在基本生活困难的受灾群众，直接实施临时救助；符合低保、特困供养、孤儿、事实无人抚养儿童、残疾人两项补贴条件的，按程序纳入相应的救助保障范围。

（四）社会救助监测预警机制持续健全完善

甘肃省民政厅、扶贫办等七部门对困难群众实行监测预警，为符合条件的家庭或人员及时提供相应救助。全省纳入监测预警范围对象共10大类355.22万人，占全省城乡人口的13.1%。2020年4月以来，共开展两次监测预警，第一次预警发出红色预警信息3209条、橙色预警信息7282条，根据预警信息核查，已对2100名符合条件的城乡困难群众落实相应救助，对8527名暂时不符合救助条件的建立台账，持续关注；第二次预警共发出预警信息6574条，其中红色信息4149条，橙色信息2425条，目前已对全部信息落实相应救助。

（五）引导凝聚各方力量积极参与社会救助工作

积极发扬“一方有难、八方支援”的互助精神，鼓励支持慈善组织积极参与社会救助，监督开展募捐的慈善组织依法依规做好募捐备案、捐赠款物管理使用和信息公开工作。各级民政部门积极动员引导广大公益慈善组织、社会工作机构和志愿服务团体，依法有序参与防汛救灾各项工作。指导社工服务机构、志愿服务组织配合应急救援部门做好灾情预警、群众安置、困难帮扶、社区服务、心理疏导、宣传动员等工作，帮助受灾群众恢复正常生活秩序。通过全国志愿服务信息系统，开展志愿服务记录工作，切实维护志愿者、志愿服务团体和志愿服务对象的合法权益。进一步加强东西部协作帮扶，凝聚社会救助工作合力，提升基层救助服务能力，切实做到弱有所扶、难有所帮、困有所助，真正把困难群众的民生底线兜住兜牢。

（六）持续加大政策培训力度

2020 年 4 月 22 日，兜底保障专责工作组召开了全省兜底保障工作推进暨政策解读培训视频会议，省民政厅主要负责人全面解读了兜底保障政策。6 月 1 日，省民政厅联合省委组织部举办了全省“两不愁、三保障”兜底保障专题培训班，对兜底保障任务较重的部分市县民政部门分管领导和业务经办人员、乡镇分管领导、帮扶工作队队长进行系统培训。6 月 10 日，举办了全省社会救助政策培训班，深入解读兜底保障政策。各市（州）民政局、兰州新区民政和社保局、各县（市、区）民政局、甘肃矿区民政局分管领导和业务主办人员参加了培训。6 月 24 日，根据省委组织部统一安排，省民政厅分管领导在省干部网络学院，通过网络直播，就兜底保障有关政策对全省 28 万名基层干部进行了专题辅导。同时，编印 1 万册兜底保障工作指导手册并下发全省各地，进一步提高基层工作人员对兜底保障政策的理解和实战能力。

三　当前甘肃社会救助工作存在的问题

从总体上看，甘肃省社会救助工作取得了一定成效，但对照习近平总书记“全面建成小康社会，一个民族、一个家庭、一个人都不能少”的指示要求和困难群众对美好生活的需求，还存在一些不容忽视的实际困难和突出问题。

（一）社会救助城乡以及区域间的发展不协调

在改革开放之初，所有的政策都是建立在城乡二元体制基础上的，特点是城乡分隔、制度不统一，社会救助政策也是如此。进入21世纪以来，城乡二元体系逐渐被打破，社会救助的各项政策逐步走向整合发展，但是社会救助政策的城乡差距依然存在。首先，从资金投入和救助标准上看，城市的资金支持力度和救助标准都明显优于农村；其次，从制度设计来看，社会救助的核心项目如最低生活保障、特困供养、住房救助、医疗救助等多项制度依然按照城市和乡村做出区分；最后，从救助难度以及人口数量上来看，农村都高于城市。综上几点，需要对社会救助的城乡分隔有一个比较清晰的认识，消除城乡二元体系的影响，加快社会救助的城乡一体化发展。

从区域间发展上看，全国东部、中部、西部之间，省内市域之间，社会救助政策因为不同的参照因素，在相关救助项目设立、救助标准订立、救助资金投入、服务管理、资源配置等方面也存在比较明显的差别。社会救助的区域间发展不平衡，阻碍了其本身的协调一致发展，同时也不利于社会整体稳定和全面建成小康社会目标的实现。

（二）社会救助政策综合运用仍需整合

当前各项社会救助兜底保障政策还没有完全做到有机整合、系统集成，导致救助资源分配不均衡，重复救助和救助盲区并存。受经济社会发展水平限制，甘肃省社会救助保障水平相对偏低，需要进一步加大投入，增强兜底能力。救助方式较为单一，以现金保障为主，其他物质救助和服务类救助发展相对滞后，难以满足困难群众多样化救助需求。但是伴随着市场经济飞速发展，贫困群体的致贫因素也日益复杂多样，往往并不仅仅局限于经济收入低下或者物质方面的匮乏，更多时候表现为基本素质低下、适应社会基本能力缺乏、文化资本缺乏等，而这些复杂因素所造成的贫困问题并不能简单地由物质性补助加以解决，需要通过积极促进就业、社会再分配、法律援助、社会工作者（志愿者）介入等方式，才能很好地解决。

（三）社会救助项目发展不平衡

我国的社会救助制度自产生之日起，就以保障困难群体的基本生活为保障目标，其主要保障项目城乡最低生活保障、医疗救助、临时救助等就侧重于解决困难人群特定方面的困难。通过多年的发展，这些救助项目在保障困难人群的基本生活上发挥了不可替代的兜底保障作用。同时，我国在灾害救助上积累的比较丰富的经验，促进了灾害救助制度的完善与发展，为灾后重建发挥了积极作用。但社会的快速发展，不仅面临经济的风险、自然的风险，更面对一些突发的风险，就是所谓的“救急难”。近年来，针对这些突发问题的临时救助发展仍然较为缓慢，在制度设计、操作和管理运行上仍有待健全。

（四）社会救助的监督与管理效率需要进一步提升

监督与管理是每一项政策实施过程中的重中之重，社会救助也不例外。在监督方面，可以看到，由于政策解读不到位、基层经办力量薄弱，监督检查不到位等，社会救助中的“人情保”“骗保”“错保”等问题仍时有发生。究其原因，还需要更加严密科学的顶层设计，更加科学合理的退出机制以及完整的社会信用体系，建立科学、有效的查核机制来加强对社会救助的监督。

在管理方面，社会救助因在管理部门、具体操作、管理方式上仍存在一些问题，管理效率偏低，质量不高。一是管理体系还需理顺。于2018 年底完成的政府机构改革，为社会救助注入了新的能量与活力，但一些专项救助被分散到多个政府部门，造成“多龙治水”的局面，原来社会救助的主要救助项目基本由民政、卫计、人社等部门管理，后来又增加了医保、应急等部门，这样就加大了部门沟通协调的难度，降低管理运行效率。二是社会救助专业化程度低。社会救助中诸如医疗救助、特困救助、住房救助等项目都需要专业性和操作性极强的专门人士来完成，但目前的一些经办人员只通过简单的业务培训，缺少专业化、系统化的教育培训，尤其是在经办任务重的基层更是如此。三是社会救助信息化工作滞后，部门间的信息共享能力不佳。社会救助各部门有各自的权限，未经授权，其他部门无权查询，造成救助对象相关信息不能有效衔接与共享，导致社会救助信息化、科学化、系统化水平较低。

（五）社保救助法规未形成体系

据查阅，社会救助还没有全国立法，甘肃省也仅有相关规章制度。可以说，只有加快社会救助的立法进程，才能从根本上解决社会救助运行中出现的各种问题。

（六）社会力量参与社会救助有限

困难群众对脱贫攻坚兜底保障政策知晓率不够高，特别是对资金补助标准、政策扶持范围的了解与掌握不够全面、准确。一些基层干部对兜底保障政策理解不深入、不全面，导致政策执行过程中出现偏差，造成分散供养特困人员监护照料责任落实不到位、临时救助操作不规范等问题。有些地方认为享受了兜底保障政策就不能享受扶贫政策，对兜底保障对象“只兜不扶”，使一些有劳动能力本可以通过产业就业扶持脱贫的兜底保障对象脱贫致富受到影响。

同时，当前社会救助以政府向困难群体提供救助为主，社会力量参与有限。一方面，社会力量参与社会救助仍存在一些政策上的壁垒，如在批准进入、资金运作、组织设立、税收减免、服务提供等方面都有一些制度性的限制，挫伤了社会力量参与社会救助的积极性。另一方面，一些社会组织和公众人物对社会救助采取诸如“诈捐”等沽名钓誉的行为，降低了民众对社会力量参与社会救助的美誉度和可信度，降低了公众参与的热情。另外，社会力量参与社会救助的激励机制不健全，有关的财政补贴、税收优惠、费用减免等政策未能全面落实。

（七）保障对象动态管理仍需加强

农村家庭财产构成复杂，生产资料和生活资料难以区分，存款、车辆等信息尚未实现信息数据实时对接共享，造成家庭收入难以准确统计，影响了保障对象识别的精准性。有的地方对个别符合低保条件人员未能及时纳入保障范围，对应该退出保障范围的未做到应退尽退或调整保障类别。

一些有劳动能力却不愿劳动的困难群众参与脱贫的积极性、主动性不高，“等、靠、要”思想严重，甚至个别贫困户“你不帮，我不动”，躺在社会救助优惠兜底政策上不劳而获。这些问题在一定程度上影响了部分“边缘户”脱贫致富的积极性，造成新的社会矛盾。一些帮扶和驻村干部重“扶贫”轻“扶智”，激发贫困人口内生动力、增强“造血”功能的措施办法不多。

四 进一步完善甘肃社会救助工作的建议

（一）大力推动社会救助城乡与区域间的平衡发展

伴随着我国经济的快速发展，人口流动的进一步加快，推进社会救助城乡一体化、区域一体化的要求日益迫切。有效推进城乡社会救助的平衡发展，可以考虑从以下几个方面着手。一是坚持社会救助的城乡衔接。在坚持完善城市社会救助的同时，逐步下大力气推进农村社会救助制度建设，尤其针对失地农民、进城务工人员等人员出台具体的救助政策。加快农村社会救助的法制建设，实现城乡社会救助制度的有效有序衔接，增强社会的救助能力，提高社会救助的水平，扩大社会救助的范围。二是既要坚持量力而行、尽力而为，又兼顾公平与效率。要结合省情实际，充分全面考虑各方面的承受能力及水平，针对城乡、区域、民族的不同特点和基本情况，制定相应的政策以及待遇标准。

（二）积极完善社会救助项目，大力丰富社会救助方式

积极完善社会救助项目，拓展和使用新的救助项目，并使这些新项目适应社会经济发展的要求，重点是推进“救急难”项目发展，及时有效地处理困难人群临时性、突发性、紧迫性的救助事项。一是要继续完善临时救助制度，总结在全国、省内市县开展的“救急难”

工作试点经验，对突发情况进行分类整合，通过项目设计给不同困难人群相应的财物或服务支持，保障突发困难群众的生活底线；二是以基层自治组织（如村、社区等）、社会组织和志愿者等为渠道基础，通过网络、电话、自媒体等多种方式，及时主动发现、救助急难对象；三是鼓励社会力量积极参与，通过制定优惠政策，引导慈善机构与爱心企业设立“救急难”公益基金，鼓励相关社会组织、志愿者队伍积极参与，多种渠道、多种形式参与“救急难”工作。

大力丰富社会救助方式。对于不同致贫因素引起的贫困和不同原因导致的困难，可以采取多元的救助方式，不应局限于传统的现金援助和实物援助。对那些需要照料的老人、残疾人、儿童等人群，通过提供专业服务，特别是以政府购买服务的方式购买相应的服务小时数，发挥专业救助服务机构和社会工作者的优势；对一些因劳动能力低下、失去工作而陷入贫困的受助者制订就业援助计划，加强对困难家庭劳动力的技能培训，提高有劳动能力者的素质，实施“积极的劳动力市场政策”；对一些可以从社会购买服务的项目开发代金券，如教育券、食品券、交通券等，既确保受助者加入其所申请的救助项目，且资金不被挪用，又给予了受助者一定的选择权利。随着社会救助内容和人们生活需求的日渐丰富，还可探索更加丰富、便捷的救助方式。

（三）切实加大监管督查力度

坚持把督导检查作为指导基层做好兜底保障工作的重要抓手。一是针对政策落实中普遍存在的问题，采取市州交叉检查、专项督查督办等多种形式，每年开展两到三次大规模低保清理、规范和整顿；对于群众反映强烈的个别问题，及时派出工作组到实地进行调查、核实和处理。二是指导和督促乡镇人民政府严格落实主体责任，进一步建立健全低保对象长期公示、定期报告核查、有效期管理、投诉举报查处、村干部经办人员近亲属享受低保备案等制度，努力促进低保规范操作、阳光运行。三是指导和督促各地严格落实社会救助资金专户管理、专款专用的有关规定，坚决防止虚报冒领、挪用、截留等违法违纪行为的发生。各项救助资金严格按照用途和规定时限拨付，均通过金融机构实行社会化发放。

（四）进一步提升基层经办和特困供养服务能力，加快社会救助信息系统建设

切实加强督促和指导，全面落实中央和省政府有关政策规定，大力推行政府购买社会服务，按照救助对象数量合理配备经办服务人员。针对农村敬老院工作人员（含专业护理人员）缺乏的问题，力争通过政府购买服务，按照与供养对象1∶10的比例配备工作人员，按照与部分丧失生活自理能力的人员1∶6的比例配备护理人员，按照与完全丧失生活自理能力的人员1∶3的比例配备护理人员，努力提升养老服务特别是特困人员供养服务水平。

加快社会救助信息系统建设，确保实现与人社、卫计、应急等相关部门的数据对接和信息共享，建立覆盖全省的社会救助“一站式”即时结算信息服务平台，方便管理监督。

B.4

2020～2021年甘肃公共安全形势分析与预测

马亚萍　马　宁*

摘　要： 本报告围绕甘肃公共安全主题，从公共安全基本态势、影响因素和风险特征等层面研究分析了甘肃公共安全形势，认为在全球突发新冠肺炎疫情和疫情常态化的背景下，甘肃呈现公共安全形势平稳、治理水平不断提高的发展态势，针对存在的问题，提出构建甘肃公共安全新格局的策略。这一策略就是建立和完善统筹协调的应急联动机制、筑牢网络安全防护屏障、建立和完善应急储备体系。

关键词： 甘肃　公共安全　生产安全　公共信息安全

一　概念界定

公共安全内涵极为丰富，涉猎领域呈现多元化、多样化特征。国内学界从不同学科视域对公共安全予以定义，对其概念界定众说纷

* 马亚萍，甘肃省社会科学院研究员、西北少数民族女性与社会性别研究中心主任，甘肃统战理论研究基地特邀研究员，主要研究方向为民族社会学；马宁，甘肃省社会科学院助理研究员，主要研究方向为人口社会学。

纭。张维平认为，公共安全是“指公众享有安全和谐的生活和工作环境以及良好的社会秩序；最大限度地避免各种灾难的伤害；其生命财产、身心健康、民主权利和自我发展有着安全保障”，[①]“社会（群体）和公民个人从事和进行正常的生活、工作、学习、娱乐和交往所需要的稳定的外部环境和秩序”。[②]龚建华等认为，公共安全“指能够保证社会群体和公民个人进行正常工作、生活和交往等公共活动的外部环境和公共秩序”。[③]本报告采用龚建华等对公共安全的定义。

鉴于公共安全涉猎的社会生活领域广泛，本报告紧扣与民生关联度高的公共安全领域，聚焦信息、生产、公共卫生和自然灾害等议题。

二 甘肃公共安全的基本态势

2020 年甘肃社会发展运行迹象表明，在新冠肺炎疫情全球蔓延和常态化疫情防控的特殊时期，随着生产生活秩序加快恢复，疫情防控和经济社会发展统筹推进，甘肃省政治社会局面呈现和谐稳定、经济回升向好、各族民众生活持续改善、公共安全形势平稳、治理水平不断提高的发展态势。

（一）应急保障体系日臻完善

作为甘肃公共安全体系主要组成部分的应急保障体系逐年完善，主要体现在以下几方面。

---

① 张维平：《社会学视野中的公共安全和应急机制》，《中国公共安全》（学术版）2007 年第 2 期。

② 百度百科。

③ 龚建华等：《特大城市公共安全问题研究述评》，《特区实践与理论》2017 年第 2 期。

一是制度保障。甘肃省委、省政府2017年出台《关于推进安全生产领域改革发展的实施意见》，2019年出台《关于加快建设全省新型应急管理体系的意见》和《关于全面加强自然灾害防治能力建设的意见》，为甘肃省建构和改革应急管理体制提供了制度保障。

二是五级应急管理体系贯通。甘肃省以国家应急预案为基础，结合甘肃省情通过基层应急管理机构改革，在全省14个市州、86个县区组建了应急局，将原乡镇（街道）安监站更名组建为“应急管理所”，将村（社区）安监室更名组建为“应急管理室”；理顺应急管理体制机制，构建了省、市、县、乡、村（社区）五级贯通的应急管理体系。多年应急管理体系的实践探索，为确保甘肃省公共安全体制平稳运行提供了制度保障。

三是逐步建立应急管理网络体系。甘肃省为适应新时期国家应急管理新要求和公共安全形势发展趋势，在重点实施灾害风险调查和重点隐患排查、重点生态功能区修复、地震易发区房屋设施加固、防汛抗旱水利提升、地质灾害综合治理和移民搬迁、应急救援中心建设、自然灾害监测预警信息化、自然灾害防治技术装备现代化、全民防灾抗灾能力素质提升等九大工程的同时，加大信息化和智能化建设力度。以监测预警平台为例，全省建立了省、市、区县、乡镇、村（社区）五级联动的自然灾害监测网络和预警信息发布平台。监测预警平台为应急管理监测预警提供了硬件保障，极大地提升了应急能力。例如，在应对2020年8月13日陇东南暴洪灾害时，省市县乡村自然灾害应急机构，特别是乡村两级组织和信息员充分发挥作用，及时预警、适时避险，全省撤离转移人员11.94万人，最大限度减少了人员伤亡；再如，甘南州通过森林重点火险区综合治理项目一期、二期和草原防火视频监控项目建设，已建成监控塔28座，其中森林11座、草原17座，合作市建有草原防火监控塔2座。省林草局已申请作为国家林草局“空天地”一体化监测试点单位，着眼建立全国林业和草原防灾减灾网络体系。

四是强化组织保障。为完善应急指挥体系，立足于“全灾种、大应急”，通过调整省安委会、减灾委、消委会、防汛抗旱、森林草原防灭火、抗震救灾、地质灾害应急等7个省级指挥机构成员单位及人员，明确了各成员单位职责等，将值守应急、信息汇总、综合协调等职能落到实处，实现应急管理日常工作实体化运作，在组织层面为建构齐抓共管应急管理体系提供了保障。

（二）应对公共安全突发性事件水平显著提高

应急保障体系所发挥的作用增强。甘肃省应急保障体系和安全网架构日臻完善，在应对和处置各类突发性公共安全事件中发挥的作用显著。2020年2月18日，陇南成县发生火情，省市县应急管理部门、当地党委政府和省森林消防总队迅速调集陇南森林消防支队84名指战员、12台消防车辆及地方林草、应急部门和群众120余人全力开展扑救，当天22时现场明火基本扑灭，19日10时火场实现无火无烟无气。8月10~18日，文县境内持续发生强降雨，致使白龙江、白水江及中小河流水位暴涨，造成国、省、县、乡、村各级道路全部中断，交通处于瘫痪状态，部分民房受损，电力及通信一度中断，河道堤防工程等基础设施被冲毁或严重损坏。截至8月18日10时30分，灾害已造成1人死亡、2人失踪、6人失联、80多名群众被困，12071户46596间房屋受损。针对灾害损失程度，8月18日20时30分，文县减灾委将自然灾害救助应急响应由Ⅲ级提升为Ⅰ级。

地质灾害监测预警成效显著。随着甘肃省应急能力和治理水平不断提高，地质灾害监测预警准确率也相应提高。截至2020年11月20日，共发布地质灾害气象风险预警专报142期，10月发布预警信息142次，其中蓝色预警115次、黄色预警17次、橙色预警8次、红色

2 次，为甘肃省各地州市及时预防应对气象和地质灾害，减少经济损失提供了可靠信息。

提高应急信息透明度。在开设应急安全电视专栏《问安陇原》、应急广播专栏《陇原应急之声》的同时，运用政务新媒体平台，开设微信政务公众号“甘肃应急”、新浪政务微博“甘肃应急发布”、今日头条号“甘肃应急管理”、新甘肃——甘肃号“甘肃应急管理”，及时发布应急管理政务、政情资讯及安全生产、应急救援、防灾减灾救灾等热点信息。截至 2020 年 6 月 11 日，微信政务公众号“甘肃应急”共发布各类信息 196 条，粉丝数近 4.8 万人；新浪政务微博“甘肃应急发布”共发布各类信息 54 条，粉丝数近 5.1 万人；新甘肃——甘肃号“甘肃应急管理”共发布各类信息 26 条，累计阅读量 1329 次；今日头条号“甘肃应急管理”共发布各类信息 47 条，粉丝数 5343 人，累计阅读量近 15 万余次。由此可见，甘肃应急政务新媒体已成为宣传安全知识、培养民众公共安全意识、满足甘肃省各族民众公共安全信息需求、保障民众知情权、提高民众公共安全参与度和关注度的平台。

（三）生产安全态势逐年好转

甘肃省安全生产形势总体稳定，事故率呈逐年下降趋势。统计数据显示，“2020 年 1～10 月，全省共发生各类生产安全事故 426 起，同比下降 43.28%；死亡 437 人，同比下降 30.08%；受伤 285 人，同比下降 49.02%；直接经济损失 7826.66 万元，同比下降 50.15%。从行业看，交通运输、仓储和邮政业共发生生产安全事故 271 起，同比下降 49.91%，死亡 265 人，同比下降 35.21%，受伤 245 人，同比下降 46.85%，直接经济损失 205.7 万元，同比下降 69.8%；建筑业共发生生产安全事故 67 起，同比下降 20.24%，死亡 71 人，同比下降 26.04%，受伤 16 人，同比下降 61.9%，直接经济损失 3387.4

万元，同比下降48.98%；制造业共发生生产安全事故34起，同比下降33.33%，死亡41人，同比下降6.82%，受伤13人，同比下降38.1%，直接经济损失2022.07万元，同比下降29.19%；采矿业共发生生产安全事故23起，同比下降28.13%，死亡27人，同比持平，受伤2人，同比下降80%，直接经济损失960.07万元，同比下降45.47%”。① 各生产领域安全生产四项主要指标——事故起数、死亡人数、受伤人数和直接经济损失，与上年同期相比均呈现下降趋势。在全省12个发生生产安全事故的行业中，8个行业的事故起数和死亡人数呈现“双下降”，这表明甘肃省安全生产形势呈现总体稳定逐年趋好的发展态势。

（四）公共卫生监控严密

及时提升疫情响应级别并发布信息有效控制疫情。在国内突发新冠肺炎疫情后，2020年1月25日14时，甘肃省及时通过多媒体发布启动重大突发公共卫生事件一级响应，迅速提升公共卫生应急级别，之后，每日在工作动态栏目单独发布省内疫情动态。甘肃省卫生健康委员会依托门户网站把新型冠状病毒感染肺炎列入法定疫情通报项目，逐月发布疫情通报，2020年1月首次通报省疫情，每月根据疫情动态变化发布要求和建议，如“随着全球疫情蔓延和人员流动增加，我省防控境外输入性新冠肺炎的形势更加严峻，各级卫生健康行政部门和疾控机构要高度重视境外输入疫情的防控；要密切关注人群密集场所的疾病监测和复工复产中的疫情防控工作，防止聚集性疫情的发生，进一步做好疫情调查处置和应急储备等工作……境外疫情呈暴发增长态势，湖北和武汉解除管控措施后来甘返甘人员增多，无症状感染者的传播风险加大，各地应继续毫不放松地抓好疫情防控工

① 根据甘肃省应急厅调研文本资料整理。

作，按照‘外防输入、内防反弹’的防控策略，针对关键环节和风险点，切实做好各项防控工作”。[①] 由于新冠肺炎疫情期间，甘肃省及时发布疫情信息，对民众做好防疫措施、防止疫情扩散起到一定作用，且对民众消除恐慌心理发挥作用。建立定期通报法定传染病疫情制度，信息透明程度高。甘肃省卫生健康委员会在门户网站设立疫情通报、卫生应急、食品安全、卫生监督、突发公共卫生事件、食品安全标准备案等专题栏目定期发布相关信息。截至 2020 年 11 月，共发布法定传染病疫情 12 期。通过网站及时透明地发布与公共卫生领域相关的各类信息，全省民众可随时在网上查阅了解最新的公共卫生领域动态信息，一旦有突发性的疫情或突发性公共卫生事件，民众可提前采取预防性措施，避免疫情传播范围扩大，因此，定期通报法定传染病疫情制度，公共卫生信息透明，在提高甘肃各族民众在公共卫生领域信息知情权和参与度的同时，提高了全省应对公共卫生领域各类事件的防控能力。

食源性疾病监测网络日渐完善，公共卫生监督严格。甘肃省卫生健康委员会在食品安全、公共场所、生活饮用水、学校卫生、传染病防治、医疗卫生，以及血液安全、职业卫生和放射卫生等领域建立了严格的监控体系，定期监督检查，加大公共场所和生活饮用水监督抽检力度。截至 2019 年 12 月底，“公共场所实际监督 23038 户，监督覆盖率 87.67%，开展经常性卫生监督 43779 户次，全省依法查处公共场所卫生案件 2494 件。生活饮用水有证单位实际监督户数 2091 户，监督覆盖率 92.85%；无证单位实际监督户数 240 户，监督覆盖率 92.31%，开展经常性卫生监督 4006 户次，全省依法查处生活饮用水卫生案件 107 件……全省传染病防治实际监督 14094 户，医疗机构、疾控机构、采供血机构等总体监督覆盖率 75.85%，依

① 根据甘肃省卫生健康委员会网站资料整理。

法查处传染病防治案件1386件……我省食源性疾病监测网络覆盖省、市（州）、县（区）、乡镇卫生院（社区卫生服务中心）、村卫生室（社区卫生服务站）等所有开展食源性疾病诊疗的医疗机构。全省有10724所医疗机构纳入了报告网络，其中2381家医疗机构报告食源性疾病病例28594例。全省10家承担食源性病原体检测的哨点医院共采集疑似食源性疾病病例生物样品3559份，阳性率15.00%。共报告食源性疾病暴发事件95起，波及2504人，发病552人，死亡0人。与上年同期相比事件数降低6.86%，发病数降低4.33%。全年完成11个食品类别24个食品品种1482份样本检测，涉及监测5个类别73种污染物指标，获得并上报监测数据13000条。全省17个监测点对婴幼儿配方食品乳及乳制品等15类食品的5项卫生指标、13项食源性致病菌开展了监测，共计检测1651份，完成率为108%”。[①]

法定传染病发病相对平稳。2019年“全省共报告法定传染病115383例，死亡159例，报告发病率为437.51/10万，报告死亡率为0.60/10万。其中，甲类传染病报告1例鼠疫，报告发病率0.0038/10万，已死亡，报告死亡率0.0038/10万，病死率100%；报告乙类传染病18种46495例，报告发病率176.30/10万，死亡157例，报告死亡率0.60/10万，病死率0.34%，报告发病率较2018年下降1.95%；报告丙类传染病10种68887例，报告发病率261.21/10万，死亡1例，报告死亡率0.0038/10万，病死率0.001%，报告发病率较2018年上升47.12%”。[②] 2020年10月，“全省无甲类传染病报告；报告乙类传染病14种3671例，死亡19例；报告丙类传染病9种2609例，无死亡病例。全省报告发病数居前五位的乙类传染病是

① 见甘肃省卫生健康事业发展统计公报。

② 甘肃省卫生健康委员会网站。

病毒性肝炎、肺结核、梅毒、布鲁氏菌病、细菌性和阿米巴性痢疾，占乙类传染病发病总数的94.63%……共报告新型冠状病毒肺炎确诊病例7例（其中1例为外籍人员），均为境外输入病例”。[①]

公共卫生事件时有发生。2019年发布突发公共卫生事件通报12期，全年共发生一般性突发公共卫生事件103起。2020年10月“全省报告突发公共卫生事件4起，发病87人，无死亡。均为一般事件，报告病种为水痘。与上月比报告数增加2起，发病数减少386人，死亡数减少3人。与上年同期比报告起数下降8起，发病数下降605人”。[②]

（五）公共信息安全防护能力不断提升

公共信息安全政策基石厚实。甘肃省在贯彻落实《网络安全法》以及数据安全管理、个人信息保护等方面的法律、法规、标准基础上，为应对互联网时代信息安全新问题、运用大数据实施公共安全治理，先后制定了《甘肃省大数据产业“十三五”规划》《甘肃省促进大数据发展三年行动计划（2017－2019年）》《甘肃省公安信息化综合应用平台大数据治理》《甘肃省数据信息产业绿色发展专项行动计划》等一系列政策措施，为甘肃省在信息领域运用大数据进一步提升公共安全治理水平和能力提供了政策支持。

多措并举构筑网络安全空间。甘肃构建了省、市、县三级网络安全监测体系，以7×24小时的全天候全方位感知的防护网，有效地监测木马、病毒等对网络安全的威胁与攻击；建成全省网络安全态势感知系统，对省内重点网站安全漏洞、僵木蠕事件、网页非法篡改、暗链事件的实时监测，以及对移动互联网进行安全监测和对工业互联网

① 甘肃省卫生健康委员会网站。

② 甘肃省卫生健康委员会网站。

进行资产探测，及时发现各类攻击威胁和异常，进行可视化分析和研判，全面提升甘肃省全域网络安全预警能力；制定《甘肃省网络举报协同处置工作机制》，建立甘肃省网络安全联合通报工作机制，定期召开网络安全联席会议，联合省法院设立网络安全审判庭，探索建立网络安全司法审判工作机制。每日甘肃网成立了专注于甘肃地区网络信息监测与分析的网络媒体—舆情研究，正式运行甘肃省社情民意互联网大数据分析平台，推动成立中国西部网络空间安全联盟，发布了《中国西部网络安全联盟章程》，召开甘肃省网络安全等级保护制度2.0国家标准宣传贯彻会议。通过实施多种举措和多年建设发展，甘肃省网络安全监测体系和管理机制逐步完善，有效防止了重大网络安全事件的发生，网络安全保护能力和舆情应对能力不断提升。截至2019年9月，通过对百度、新浪、微博、论坛、贴吧、微信公众账号和各大新闻网站等媒介舆情信息的全网抓取，发现涉及甘肃、关注度较高的有敦煌陷阱厕所事件、甘肃岷县车祸、陇南文县强降雨、陇南成县火灾等突发性重大事件，省内各大新闻媒体和网络媒体第一时间做跟踪报道，及时化解了网络舆情危机。截至上半年，省委网信办同通信管理局依法关闭了“‘兰州凯博瑞’、‘长安陌上’等42家属地内违法僵尸空壳网站，清查处置了61家博彩、色情、仿冒类网站。自5月‘晴朗’专项行动开展以来，共清理色情低俗类、恶意营销类等违法违规信息190条，配合行业主管部门清理有害信息399条，约谈网站负责人及账号持有人28人次”。截至10月，“甘肃省网络违法和不良信息举报中心受理各类网上违法和不良信息举报52646条，协调关停违法违规网站55家，处置率和回复率均为100%”。[①] 由此可见，甘肃省网络安全监测体系日益完善，网络数据资源得到有效保护和运用，基本保障了公民在网络空间的合法权益，甘肃省网络

① 根据甘肃省委网信办调研资料整理。

安全审查和安全防护能力不断增强，网络舆情处于可控态势。

加大网络安全宣传力度。为深入宣传贯彻落实习近平总书记关于网络强国的重要思想，甘肃省围绕金融、电信、能源、市政管理、电子政务等重点领域的网络安全，针对社会关注的热点问题，利用每年网络安全宣传周，采用集中宣传、专题讲座、知识竞赛等多种形式和传播渠道，深入开展网络安全宣传教育和普及网络安全知识，提升了民众的网络安全意识、基本防护技能以及全省网络安全防控水平。2020年9月14日，甘肃省网络安全宣传周活动启动仪式在武威市天马剧院举行，全省各地同步开展的宣传周活动以“网络安全为人民，网络安全靠人民”为主题。启动仪式上，网络安全宣传志愿者代表宣读了《安全上网文明上网倡议书》；省重点互联网企业就“履行主体责任，维护网络安全”集体签名；公安干警作了维护网络安全集体承诺。宣传周期间，举办法治日、电信日、校园日、青少年日、金融日和个人信息保护日等“主题日”系列活动，以线上线下方式集中开展网络安全宣传展示、网络安全技能大赛、网络安全知识竞赛、网络安全专题讲座等活动。省网信办发送相关公益短信2亿余条，制作“一分钟读懂网络安全法”H5、图解、微动漫等新媒体作品并在全网推送，浏览量超过200万次。甘肃省社会科学院一项研究课题的调查数据显示，被访问者认为各级政府重视网络安全宣传教育，对政府网络安全宣传教育评价较高，这从侧面印证了甘肃省网络安全宣传教育成效。

甘肃省2020年应对和处置境内发生的公共安全领域事件的过程和结果表明，全省有效控制了新冠肺炎疫情；安全生产事故灾难、公共安全事件总量呈现下降趋势；公共卫生监控严密，法定传染病发病状况相对平稳；多措并举构筑网络安全空间，民众网络安全意识提升，网络舆情基本可控，全省各级政府和各族民众一道应对各类突发性公共安全危机与控制社会风险的能力在实践中不断提高；没有发生影响社会安定的重大社会和群体性事件，公共安全形势处于平稳态势。

三 影响公共安全因素及其风险特征

（一）影响公共安全主要因素

综观甘肃省2020年公共安全运行态势，自然与社会、传统与非传统、显现与潜在、常态与突发等诸多风险因素交织，形成了诸多影响甘肃省公共安全运行的因素。本报告认为主要体现在如下六个方面。

1. 统筹协调的应急联动机制有待完善

一是公共安全治理主体单一。当前我国公共安全领域治理主体以各级政府为主，各级政府既是公共安全产品供给者，也是维护者，导致在应对和处置突发性公共安全事件时，各级政府在制定应对措施、调配人力物力等资源时，局限在其管辖的地区、部门或行业内，政府成为唯一的治理主体，缺乏有媒体、社会组织、民众等社会力量共同参与的公共安全多元主体治理机制，形成了公共安全治理“强政府、弱社会”的格局。由于公共安全治理机制多元主体缺失，在应对公共安全危机时政府同媒体、企业、社会组织和民众间缺乏有效的沟通协调机制，特别是在应对突发性特大重大公共安全危机时，政府存在人力物力等资源以及社会动员不足等问题，加之受政府部门和行业间界限制约，相关数据信息在部门之间无法畅通共享，导致信息闭塞和信息孤岛，已严重影响甘肃省公共安全事件应对效能。

二是公共安全基础设施建设与资源配置的非均等性。我国在公共安全领域的资源依然采取城乡差异配置制度，这导致在公共安全领域的财政投入、基础设施、居民所享受公共安全服务及其供给水平等方面存在地区间和城乡间差异，因此甘肃省公共安全基础设施建设与资源配置存在非均等性问题，即使在城市主城区与边缘地区同样存在非均等性问题。综观甘肃省农村公共安全基础设施现状，农村警务室、交警和消防人员的配备，路面监控设施、防灾救灾工程的配置，与城市相比存在相当差距。

三是公共安全产品需求矛盾凸显。随着全球化、信息技术和互联网加速发展，信息技术在社会领域广泛运用，全球性公共安全风险呈现增速多发、不确定性加剧、波及面广及破坏性增强的发展态势，民众危机感随之增强，随之而来的是民众对安全公共产品需求增加，且需求呈现个性化和多样化。我国现行制度安排存在缺陷，造成在与公共安全关系密切的社会治安、交通、食品药品、公共卫生、公共场所、环境等领域，公共安全产品与服务供给的数量和质量滞后于日益增长的社会和民众需要，形成安全保障产品不足与民众日益增长的安全需求之间的矛盾，甘肃省亦存在同样问题。如在新冠肺炎疫情初期，甘肃省和全国一样因医疗卫生资源储备不足，卫生防疫资源短缺。

2. 网络安全隐患渐显

随着数字信息技术的迅猛发展和我国新型基础设施建设的推进，互联网、人工智能、云计算、物联网、区块链等信息技术在社会各领域广泛应用，网络攻击、信息泄密等网络安全隐患逐渐显现。如社会治安、消费经济、商业活动、公共卫生、社会生活等领域数据信息丢失、泄露、被篡改或破坏。面对数据大规模集中存储、数据量呈几何级海量增长，现有信息安全防护能力已难以满足和保证数据需求和安全，网络安全风险加大，因此甘肃省不仅民众个人隐私泄露风险日益提升，而且公共信息安全问题凸显。如民众日常出行、经济消费、医疗档案、电话记录和邮件往来等个人信息被不法分子泄露，不得不或多或少地被动接受各类推销电话和信息；各级政府都建立了政务网，利用现代信息技术处理日常工作事务，各级政务平台都或多或少地存在程度不同的涉密级文字，易发生直接或间接泄密事件，这些表明个人和公共领域信息并非处于绝对安全状态，网络存在安全隐患。

3. 复合型气象地质灾害频发

甘肃省自然地理环境复杂，生态地质环境脆弱敏感，全省78.3%地域位于山地丘陵和黄土沟壑区，其中62.7%地域经常遭遇滑坡、泥石流等地质灾害。甘肃是全国8个地质灾害重点防治区之一。复合型地质使自然灾害频发，甘肃省每年有多地因农作物受灾、国道和县乡道路及通村公路塌方、部分灾区电力中断、山体滑坡、房屋倒塌等造成重大经济损失，每年各类地质灾害造成的直接经济损失平均约191亿元，2019年“全年农作物受灾面积16.14万公顷”，“农作物成灾面积9.92万公顷”，“全年实际发生地质灾害33起”，“各类自然灾害造成直接经济损失57.43亿元”。① 统计数据显示，2020年1～10月，“各类灾害共造成全省14个市（州）、80个县（市、区）469.7万人次受灾；因灾遇难29人，失踪3人，紧急转移安置90024人，需紧急生活救助的有4354人；农作物受灾面积39.24万公顷，其中成灾24.97万公顷，绝收3.33公顷；倒塌房屋3097户11461间，严重损坏房屋9702户46549间，一般损坏房屋28971户154687间；直接经济损失约335.74亿元”。② 常态化复合型气象地质灾害不仅给甘肃省经济社会、农业生产发展和各族民众生命财产带来巨大损失，且极容易诱发诸如饮用水水源污染或重大传染病疫情等公共卫生事件。

4. 公共卫生的潜在危机

近年全国范围内暴发的禽流感、流感、假疫苗等各类突发性公共

---

① www.gansu.gov.cn.

② 根据甘肃省应急厅调研文本资料整理。

卫生事件，同样给甘肃各族民众健康带来危害。多种传染病在甘肃省尚未得到有效遏制。2020 年 8 月，甘肃省“报告发病数居前五位的乙类传染病是病毒性肝炎、肺结核、梅毒、痢疾、布病，占乙类传染病发病总数的 96.71%。全省报告发病数居前五位的丙类传染病是其他感染性腹泻病、流行性感冒、流行性腮腺炎、手足口病、急性出血性结膜炎，占丙类传染病发病总数的 98.64%”。①

5. 部分行业和地区生产安全事故发生率较高

2019 年“全省各类生产安全事故中，交通运输、邮政和仓储业事故起数和死亡人数占比分别为 70.94% 和 64.17%；建筑业事故起数和死亡人数占比分别为 11.03% 和 15.09%；制造业事故起数和死亡人数占比分别为 7.47% 和 7.9%；采矿业事故起数和死亡人数占比分别为 4.86% 和 5.5%”，“天水和甘南、武威分别发生道路交通运输业较大事故 2 起和 3 起”。② 道路交通、建筑、制造和采矿等部分行业安全生产事故发生率较高，成为影响甘肃省公共安全的显性因素。

6. 公共安全文化缺失

公共安全文化作为影响公共安全领域的隐形因素，在政府和学界层面没有引起足够重视，加之教育培训和宣传力度不足，公民安全意识、自救和互救能力较弱，缺乏良好的安全文化社会氛围，不利于公共安全治理和突发事件应对处置。

（二）公共安全的风险特征

在研究分析甘肃省公共安全运行态势及其主要影响因素的基础上，本报告认为 2020 年甘肃省公共安全具有以下四个风险

① 甘肃省卫生健康委员会网站。

② 根据甘肃省应急厅调研文本资料整理。

特征。

第一，多种风险叠加。虽然甘肃省公共安全领域形势逐年好转，但公共卫生、药品食品、生产安全、交通、网络、社会治安等诸多领域引发的常态性公共安全问题依然存在，且风险具有极大危害性和破坏性。

第二，公共安全风险管控难度大。甘肃经济社会发展处于转型关键期，由此引发的各种社会风险、民众对社会风险感知度低以及各类突发性事件的不确定性等，使甘肃省公共安全领域各类风险因素交互叠加，风险具有突发性和不确定性。

第三，公共安全产品供需矛盾较为突出。公共安全是政府给社会和民众提供的基础性公共产品之一，但甘肃省受经济社会发展水平和地方财政收入的制约，公共安全基础设施建设和资源配置存在城乡、群体和区域的差异，风险具有非均等性。

第四，网络安全问题凸显。随着甘肃信息化和以5G网络、大数据、云计算、人工智能、区块链、物联网等为代表的“新基建”加速发展，网络攻击、网络诈骗、网络有害信息等违法犯罪活动日益频繁，行骗手段、方式不断翻新，令人防不胜防，增加了甘肃省社会稳定和公共安全风险系数，风险具有广泛性、扩散性和难控性的特征。

四　甘肃省构建公共安全新格局的策略

公共安全涉及领域广、利益主体日益多元、连锁反应强、与民生关联度高，加之公共安全风险自身来源的复杂性和难以预测性，本报告认为甘肃建构公共安全新格局，应坚持以人民为中心原则，以“发展”与“安全”平行理念谋划顶层设计。为此建议如下。

（一）建立和完善统筹协调的应急联动机制

1. 进一步完善公共安全领域的各项法律法规

随着互联网普及，“新基建”在公共安全领域广泛运用，应加快“新基建”相关法律法规制定和修订步伐，强化甘肃省应急管理体系法制化、标准化和规范化建设，构建与我国治理现代化相匹配的公共安全治理体系，以提升甘肃省公共安全领域执法水平，为公共安全领域营造良好的“依法办事、遵法守法”法制环境提供法律保障。

2. 构建无缝隙公共安全管理机制

公共安全涉及领域广、部门多。尽管甘肃省建立了联席工作制度，但相关部门间没有隶属关系，造成条块分割管理，遇到突发事件难以做到“上下联动”，为此需要整合相关部门职能和资源，建立“统一协调、上下联动”的公共安全管理机制，破除条块分割管理制约，实现无缝隙衔接整体联动，提高公共安全治理效能。

3. 构建立体化的公共安全治理模式

以“多元共治”的公共安全治理理念，坚持以民众公共安全需求为中心，向民众提供多元优质的公共安全服务，构建以政府为主导，非政府组织、企业和民众多层次、多维度合作的立体化公共安全治理模式，促进甘肃省传统公共安全由“管理”向“治理”模式转变，构建甘肃省公共安全风险管控主体多元化、技术精细化、安全教育普及化以及社会民众广泛有序有效参与的“共建共治共享”的公共安全治理格局，从而提升甘肃省公共安全治理绩效。

4. 完善资源配置共享机制

为从根本上解决甘肃省安全公共资源配置的信息共享不对称性、供需矛盾以及非均等性等问题，可依托现代互联网、物联网等信息技术，进一步完善公共安全资源配置共享机制，从而打破时空限制，推进社会资源配置由过去封闭隔离向流动共享转变，全面提升甘肃省社会安全公共产品资源配置优化率，逐步消除资源配置的非均等性，全面提升甘肃省公共安全治理效能。

（二）筑牢网络安全防护屏障

随着以互联网、大数据、5G 等为代表的“新基建”在公共安全领域的广泛应用，应坚持以预防与控制为主、以信息技术为方法、以组织为保证、以管理为主线，强化甘肃省网络安全战略规划、增强数据安全保障、加强政府部门之间协作，依托大数据信息构建甘肃省公共安全领域的网络安全体系。

1. 构建甘肃省公共信息安全网络防控体系

共建共享共治的公共安全治理体系建设要实行线上和线下双管齐下，线上技术层面在逐步完善监管与侦破、监测与预警、应急与善后支持体系建设的同时，重点研究如何把常规化安全防控网络嵌入日常社会运行过程中，运用大数据资源系统地分析甘肃省建构网络安全防控体系的方向、目标、路径、方法、步骤、标准等要素，在社会多元主体协调互动的治理机制基础上，加大公共信息安全领域融入大数据应用的力度，构建甘肃省公共安全领域网络安全防控体系，实现全省公共安全网络全覆盖的有效运行，通过对相联数据分析研究预测公共安全领域的潜在风险及其成因，为制定公共安全领域信息与网络防控治理政策措施提供可靠数据支撑。

2. 强化公众沟通系统，提升舆情引导能力

当前新媒体技术在公共安全领域的广泛应用，在给甘肃省公共安全领域运用信息和网络资源提供便利的同时，也增加了公共危机事件处理与舆情引导的难度。从公共安全风险角度看，通过大数据平台实施网络动态化监管，一是需要提升对实时收集、掌握、研读网络舆情的各种信息数据的研究分析能力；二是需要增强政府各级部门信息发布、媒体沟通、舆情引导能力，确立各级政府在公共危机事件中信息发

布的权威性、公开性与及时性；三是借助新媒体优势及时正确地公开信息，正确引导网络舆情，化解舆情危机，凝聚社会共识，避免在网络公共危机事件中出现“舆论坍塌”现象，营造良好的公共安全舆论氛围。

（三）建立和完善物资储备体系

1. 构建一体化物资储备体系

在进一步完善甘肃省应急物资储备布局、规模及结构、日常管理、快速调用、轮换更新、余缺调剂及保障供给等机制制度基础上，吸取新冠肺炎疫情防控物资缺乏的教训，充分利用互联网、物联网等信息技术，构建一体化的物资储备体系，将应急物资储备库和公共卫生领域物资储备库的资源进行网上在线管理调配，实现公共物资储备资源信息共享，从而解决灾时不够用、平时沉淀浪费的问题，实现资源利用效能最大化。

2. 夯实人力资源储备基础

人力是公共安全的重要资源。救援队伍所需要的人力资源是多领域的，具有综合性特点。为强化甘肃省公共安全救援力量，一要提升救援队伍的整体协同能力；二要以“培训＋演练”方式，与相关部门共同举办各类应急救援演练，提高业务熟练程度和协同水平，提升救援队伍业务素质；三要加快社会组织和志愿者队伍建设，动员社会力量加入救援队伍，以弥补救援力量的不足。

参考文献

甘肃省统计局、国家统计局甘肃调查总队：《2019年甘肃省国民经济和社会发展统计公报》，《甘肃日报》2020年3月20日。

B.5

2020~2021年甘肃城市发展形势分析与预测

宋文姬*

摘 要： 随着城市化进程的不断推进，甘肃城市发展呈现人口数量持续增加、城市规模继续扩大的良好态势。同时，甘肃不断完善城市基础设施，继续提升公共服务水平，城市发展取得了长足的进步。但是，与全国以及其他大部分省份的城市或市级城市发展水平相比，甘肃仍有不小的差距。存在差距的原因包括区位、环境、历史、产业等诸多方面。在今后的发展中，甘肃省应着力完善城市管理体制，提升城市公共服务水平，打造城市文化品牌等，助推甘肃城市又好又快发展。

关键词： 甘肃 城市发展 城镇化

本研究主要考察甘肃在城市发展进程中取得的成绩、面临的挑战，通过比较分析法，对2020年截面数据和2015~2019年（近五

* 宋文姬，甘肃省社会科学院社会学研究所助理研究员，研究方向为城市社会学、政治社会学。

年）统计数据进行整理，分区域进行了相应的省际比较、省内市际比较，以期对甘肃城市发展形势进行全面评估与预测。

一　甘肃城市发展现状

（一）城市发展水平逐年提升，地区发展差异显著

随着工业化进程的不断推进，农村人口向城市流动成为必然，城镇人口规模成为衡量城镇化进程的重要指标之一。截至2019年末，我国城镇常住人口达到84843万人，常住人口城镇化率首次超过60%，较2015年提高4.5个百分点。甘肃常住人口城镇化率为48.49%，较2015年提高5.49个百分点，基本保持每年1个百分点的涨幅。然而，受历史文化、地理区位、地形地貌、经济发展等综合因素的影响，尽管甘肃城市人口数量逐年增加，城镇化率稳步提升，但是与全国平均水平相比，仍有12.11个百分点的差距，省际排名亦靠后，在全国范围内位列第30（见表1）。

表1　2019年全国各省份城镇化率一览

单位：%

地区	全国	上海	北京	天津	广东	江苏	浙江
城镇化率	60.60	88.1	86.6	83.48	71.4	70.61	70.00
排序		1	2	3	4	5	6
地区	辽宁	重庆	福建	内蒙古	山东	湖北	黑龙江
城镇化率	68.11	66.80	66.50	63.40	61.51	61.00	60.90
排序	7	8	9	10	11	12	13
地区	宁夏	山西	陕西	海南	吉林	河北	江西
城镇化率	59.86	59.55	59.43	59.23	58.27	57.62	57.40
排序	14	15	16	17	18	19	20

续表

地区	湖南	安徽	青海	四川	河南	新疆	广西
城镇化率	57.22	55.81	55.52	53.79	53.21	51.87	51.09
排序	21	22	23	24	25	26	27
地区	贵州	云南	甘肃	西藏			
城镇化率	49.02	48.91	48.49	31.50			
排序	28	29	30	31			

资料来源：国家统计局数据库。

甘肃地貌复杂多样，山地、高原、平川、河谷、沙漠、戈壁交错分布，形成了各具特色的陇南山地、陇中黄土高原、甘南高原、河西走廊、祁连山地以及北山山地等六大地形区域，使甘肃14个地级市城镇化率差异显著，呈现西高东低的特点。就省内14个地级市城镇化水平而言，城镇化水平较5年前均有提高。其中，4个市州（嘉峪关、兰州、金昌、酒泉）超过全国城镇化水平，6个市州（嘉峪关、兰州、金昌、酒泉、白银、张掖）超过全省城镇化水平，8个市州的城镇化水平低于全省城镇化水平。同时，省内城镇化水平差异较大，河西走廊地区城镇化率较高，而陇南山地、陇中黄土高原、甘南高原城镇化率较低，超过全省平均水平的6个城市中，河西占4个；东部和南部城市（庆阳、临夏、甘南、定西、陇南）城镇化水平相对较低，基本都在40%以下，2019年城镇化率最高与最低地区相差58.86个百分点，地区差异显著（见表2）。还应该注意到，甘肃是一个多民族、多文化、多生态省份，甘南、临夏等民族地区的城镇化道路相对更加复杂，也更具特殊性。

表 2　2015 年、2019 年全国、甘肃省及 14 个市州城镇化水平

单位：%

地区	2015 年		2019 年		地区	2015 年		2019 年	
	数值	排序	数值	排序		数值	排序	数值	排序
全国	56.10		60.60		平凉市	36.27	7	41.98	9
全省	43.00		48.49		武威市	35.92	8	43.32	7
嘉峪关市	93.42	1	93.68	1	天水市	34.06	9	42.29	8
兰州市	80.85	2	81.04	2	庆阳市	33.46	10	39.92	10
金昌市	67.96	3	70.95	3	临夏市	31.20	11	37.04	11
酒泉市	56.87	4	62.44	4	甘南州	30.50	12	37.00	12
白银市	46.53	5	51.43	5	定西市	30.40	13	36.40	13
张掖市	42.19	6	48.55	6	陇南市	28.16	14	34.82	14

资料来源：2015 年、2019 年甘肃省各市州政府工作报告、国民经济和社会发展统计公报。

（二）城市经济发展稳中向好，产业结构优化升级

产业，是从根本上吸纳农业转移人口的载体和途径，是城镇化发展的根本支撑。随着科技的进步、技术的提高，种植业、林业、畜牧业等第一产业以及制造业等第二产业已不需要大量的劳动力，而城市经济的发展又吸引大量农村剩余劳动力向城市迁移从事第三产业。甘肃城市发展的过程遵循诺瑟姆曲线，呈现随着城镇化率提高，第一产业人口逐渐向第二产业、第三产业流动的趋势。近 5 年来，甘肃第一产业、第二产业的产业占比逐年下降，农牧种植业以及制造业在国民经济中的份额逐步降低，同时，服务业等的占比稳步提高（见表 3）。第三产业占比越高，城市经济发展越好，城市发展水平越高。而城市发展水平不断提升，会促进产业结构的优化升级。产业结构的非农化是城市发展的本质，第二产业为产业结构的调整提供动力，第三产业的繁荣则是城市发展的表现形式。近年来，甘肃在全力发展经济的同

时调整产业结构，实现了产业结构由“二、三、一”向“三、二、一”的良好转变。

表3　甘肃省2015～2019年三大产业数据

单位：亿元，个百分点

年份	第一产业		第二产业		第三产业		产业结构
	增加额	占比变化	增加额	占比变化	增加额	占比变化	
2015	954.54	5.4	2494.77	7.4	3341.01	9.7	14.4∶36.8∶48.8
2016	973.47	5.5	2491.53	6.8	3687.04	8.9	13.61∶34.84∶51.55
2017	1063.6	5.4	2562.7	-1	4050.8	6.5	13.85∶33.38∶52.77
2018	921.3	5	2794.7	3.8	4530.1	8.4	11.2∶33.9∶54.9
2019	1050.5	5.8	2862.4	4.7	4805.4	7.2	12.05∶32.83∶55.12

资料来源：《甘肃省国民经济和社会发展统计公报》（2015～2019年）。

（三）城市基础设施日趋完善，载体功能不断增强

城市基础设施，是城市生产、生活必不可少的物质基础，也是综合衡量城市发展水平、社会化程度的重要依据。城镇化的发展速度与发展水平，直接受城市基础设施承载能力制约。近年来，甘肃加大对城市基础设施建设的投资力度，不断加强城市的载体功能，在城市水利、环境、公共设施管理等方面的建设投资额度逐年增加，2016年达到1073.57亿元，是2009年相关投资额度的近11.5倍。值得注意的是，近3年来，相关投资额度有一定程度的减少，这是在全年固定资产投资大幅下降的背景下产生的，就甘肃在城市基础设施建设方面的投资占全年全省固定资产投资的比重来看，占比依旧逐年攀升，从2014年的7.84%提升至2019年的13.6%。截至2019年底，甘肃在城市基础设施领域，包括交通设施、能源设施、通信设施等方面都取得了较好成绩，城市基础设施日趋完善，不断满足城镇居民对生产生

活和居住环境要求。

交通设施方面，“货畅其流”“人便于行”的目标已经基本实现。交通运输、仓储和邮政业的投资额度同比增长率在 2016 ~2018 年连续三年的负增长之后，于 2019 年提高至 21.1%。截至 2019 年底，全省公路通车总里程达到 14.36 万公里，14 个市州政府驻地全部以高速公路贯通，55 个县通了高速公路，县通高速比例达到 64%。高速公路里程达到 0.41 万公里。同时，全省城市人均城市道路面积逐年增加，已由 2015 年的 15.18 平方米增加至 2019 年的 19.86 平方米。

能源设施方面，从供热面积和供热管道长度来看，发展态势良好。城市供热面积逐年增加，由 2015 年的 16137.13 万平方米增加至 2019 年底的 28686.87 万平方米；城市供热管道长度由 2015 年的 4404.81 公里增加至 2019 年底的 4521.6 公里。

通信设施方面，邮电业务总量不断增加，移动电话普及率大幅提高。邮电业务总量由 2015 年的 363.61 亿元增长至 2019 年的 982.95 亿元；移动电话用户由 2015 年底的 2108.1 万户增加至 2019 年底的 3113.8 万户；移动电话普及率由 2015 年底的 81.4 部/百人增长至 2019 年底的 119.26 部/百人。

（四）城市能源结构不断优化，绿色发展成效显著

近年来，甘肃充分认识到节能减排的重要性和紧迫性，优化能源结构、提升能源利用率，坚守可持续发展的能源家底。政府财政支出中环境保护支出逐年增加，由 2015 年的 95.35 亿元增加至 2019 年的 106.52 亿元；节能环保支出由 2015 年的 933000 万元增加至 2019 年的 1085000 万元。甘肃规模以上工业综合能源消费量由 2014 年（11 月）的 4613.35 万吨标准煤下降至 2018 年（11 月）的 4088.09 万吨标准煤，能源消费量逐年降低。截至 2019 年底，甘肃全年总用水量

为106.96亿立方米，比上年下降4.8%。其中，生活用水量9.06亿立方米，下降0.5%；工业用水量8.7亿立方米，下降5.9%；农业用水量84.82亿立方米，下降4.9%；生态用水量7.37亿立方米，增长57.8%。人均用水量415立方米，下降5.7%。①

（五）城市人居环境全面改善，污染防治继续深化

1. 城市绿地

近年来，甘肃在城市建成区绿化覆盖率、公园数、公园面积、人均公园绿地面积以及市容环卫专用车辆设备总数等方面取得巨大的成绩。自2015年至2019年5年间，城市建成区绿化覆盖率由30.2%增长至34.6%，城市公园数由123个增加至206.47个，城市公园面积由4334.78公顷增加至5587.14公顷，城市人均公园绿地面积由12.23平方米增加至13.85平方米，市容环卫专用车辆设备总数由1923台增加至6751.85台。

2. 空气质量

随着城镇化率的不断提高、城市人口的不断增加、工业化发展以及交通工具的大量使用，空气污染排放量也随之增加，其中，机动车尾气排放成为城市空气污染的主要来源。为提高空气质量，减少大气污染，甘肃采取多种措施，严控“散乱污”企业反弹，大力推进“人防+技防”管理模式，环境质量持续改善。2019年，甘肃13个市（州）政府所在城市空气质量达到国家二级标准，14个市（州）政府所在城市空气质量平均优良天数比率达到93.1%，同比增加4.5个百分点；细颗粒物（PM）年均浓度为26微克/立方米，同比下降7.1%；可吸入颗粒物（PM10）年均浓度为58微克/立方米，同比下降7.9%，全面完成国家下达的空气质量巩固改善年度目标任务，为

① 《2019年甘肃省国民经济和社会发展统计公报》。

最终打赢蓝天保卫战奠定了坚实的基础。其中，甘南州全年空气质量优良天数比率达到99.1%，位居全省第一。

（六）城市保障体系逐步完善，服务水平不断提高

近年来，为推动农村人口向城市迁移，甘肃不断完善公共服务体系，为农村人口迁移后的生产生活提供基本保障。甘肃以实现城乡社保体系全覆盖为目的，全力保障和提高居民生活水平。城镇医疗保障制度的建立使城镇居民医疗保险、城镇居民及企业离退休人员养老金标准大幅提高，城镇职工在养老、医疗、工伤、生育、失业等方面的保障实现了全面覆盖。近5年来，甘肃财政在社会保障和就业方面的支出由2015年的421.4万元增加至2019年的531.2万元；在卫生、社会保障和社会福利事业方面全社会固定资产投资由2015年的102.24亿元增加至2019年的116.72亿元；在卫生、社会保障和社会福利业，城镇单位就业人员由2015年的14.28万人增加至2019年的17.04万人。甘肃城镇基本养老保险参保人数由2015年的1710754人提高至2019年的2449197.56人。同时，全省共有各类社区养老机构和设施7829个。其中，社区服务指导中心13个、社区服务中心589个、社区服务站2377个、社区养老照料机构和设施955个、社区互助型养老设施3631个。

（七）城市文化效应日益显著，品牌文化逐步形成

文化是城市发展的灵魂。城市的发展要实现可持续，不仅体现在经济发展上，更体现在文化实力的提高上。近几年，甘肃深入挖掘地区文化和特色资源，努力打造城市文化品牌，为甘肃城市发展赋予了新的活力。敦煌丝绸之路（敦煌）国际文化博览会，向世界展示了多种文化、多元文明交融互鉴的甘肃，更成为“一带一路”沿线国家和地区文化交流、思想融合的推动力。天水伏羲文化，以其深厚的

文化底蕴推动了天水经济社会转型实现跨越式发展、弘扬了中华民族优秀传统文化，为城市文化发展焕发出强大的生命力。甘南州香巴拉旅游艺术节，将自然风光、宗教文化、民俗风情、民族文化活动融为一体，成为甘南州旅游文化、经济发展和开放开发的窗口。仅 2019 年，甘肃接待国内游客 3.7 亿人次，比 2018 年增长 24.0%，国内旅游收入 2676 亿元，增长 30.0%；接待入境游客 19.82 万人次，增长 98.0%。甘肃旅游业的蓬勃发展，不仅仅带来了更多的经济效益，更推动城市文化品牌更好发展。

二　甘肃城市发展面临的挑战

随着城市化进程的加速推进，城市发展必然会面临许多亟待解决的问题和挑战。城市经济和社会发展的诸多层面都出现了不均衡发展、难均衡发展的现象。例如，发展与资源、经济与民生、城镇化与工业化都出现了冲突、不均衡、不协调等问题。近年来，甘肃政府开放政策导向，全面协调发展，城市人口逐步增加，城市化进程不断推进，城市发展取得了较好成绩。但在全面协调与发展的同时，仍存在一些难以在短期内克服的、复杂的制约因素，如历史条件、区位条件、产业支撑、政策保障、思想观念等。

（一）城镇化水平较低，地区间城镇化水平不均衡

城镇化率是衡量城市发展程度的重要指标之一。通过对 2010 年至 2019 年 10 年间甘肃城镇化率与全国城镇化率的比较，可以看出全国城镇化平均水平一直高于甘肃城镇化水平近 15 个百分点。近 3 年，甘肃城镇化水平显著提高，城市人口规模不断扩大，与全国城镇化水平的差距缩小到 12 个百分点，年均提高 1 个百分点，但仍存在很大的提升空间。同时，与北京、上海、天津等发达地区城镇化水平相

比，甘肃差距较大，与西部地区省份相比，排名也相对靠后。同时，户籍人口城镇化率的提升还有很大空间。打破城市内部二元结构是新型城镇化的一个重要任务。2019 年，我国户籍人口城镇化率与常住人口城镇化率相差 16.2 个百分点，未来一段时期，若能把提高户籍人口城镇化率放在更加重要的位置，通过持续增加各类优质公共服务供给，为更多流动人口在城镇落户创造条件，将有效释放城镇化潜力。

从甘肃省 14 个市州的城镇化水平来看，城镇化率均有提高，城市人口规模不断扩大。除省会城市兰州城镇化水平较高以外，河西地区城镇化水平总体较高，集中了全省城镇化水平较高的 3 个市（嘉峪关、酒泉、金昌）。值得一提的是，嘉峪关城镇化率达到 93.68%，高于上海、北京、天津等地。然而，省内城镇化水平差距颇大，呈现东低西高的态势。东部和南部城市，如庆阳、临夏、甘南、定西、陇南等地，城镇化水平相对较低，低于全国平均水平近 20 多个百分点，与嘉峪关市相差 59.65 个百分点。总体而言，受地理区位、历史原因、产业支撑等多方面的因素影响，甘肃城镇化水平与全国平均水平相比仍有差距，省内 14 个地级市城镇化水平也出现东低西高、差距较大等现象，户籍人口城镇化率的提升还有很大空间。

（二）城市生态环境亟须改善，环保理念有待深入

随着城市化进程的推进，生态环境问题也日益凸显，严重影响着城市居民的身体健康以及城市资源的可持续利用，阻碍城市的可持续发展。近年来，水污染、空气污染等问题依然存在，又产生了其他许多城市污染问题，如大量的生活废弃品、塑料袋、一次性木筷、一次性饭盒等，对环境危害巨大。在建设城市的过程中会清除许多阻碍其推进的植被、公园以及相关设施，使城市绿色生态遭到破坏。在“迟发展效应”影响下，甘肃城市生态环境的保护工作相对滞后，市

民环保意识有待提高，企业生态保护意识严重欠缺，政府治理污染的资金投入相对有限，环保基础设施相对落后等，使甘肃城市生态环境的保护难度较大，城市的可持续发展遭遇较大挑战。如何有效协调城市建设与生态环境之间的平衡发展是今后城市发展亟待思考的问题。

（三）城市规划设计不科学，道路基础设施有待加强

交通，是城市形成的力。可以说，交通改进与城市发展有很强的同步性。从城市内部而言，交通为城市居民工作、生活提供运输服务，直接影响城市发展活力，体现城市宜居性与文明程度。近年来，甘肃城市人口不断增加，同时，家庭用车使用量飞速提高，导致道路设施很难在短期内与私人机动化高增长需求相配套，使城市道路不堪重负，人们在出行上的时间成本较高，严重影响了城市活力与城市效率。2019 年，甘肃城镇人口达到 1283.74 万人，较 2015 年增加了 160.99 万人。同时，全省汽车数量以年均 21.9% 的增长率快速增长，截至 2018 年底，全省民用汽车保有量达 385.1 万辆。就城市外部而言，现代高速公路、高铁是沿线地区城市化的推动力，尤其是高速公路和高铁的建成会形成以高速公路、高铁为轴线的城市群。截至 2019 年 4 月，甘肃 14 个市州中设有高铁站的有 6 个，经过甘肃境内的高铁线路有 4 条。不难看出，甘肃地处西北内陆，地形狭长，在与其他省份的交通连接上仍然存在不足，这制约着甘肃经济发展和城市发展。

（四）城市发展建设任重道远，现代化治理能力不足

城市的发展需要现代化治理体系和现代化治理能力。从城镇化水平来看，甘肃许多城市发展建设仍处在起步加速阶段，“城中有乡，城乡结合”的城市面貌依旧普遍存在。从城市管理水平来看，城市管理的专业化、规范化、精准化程度有待提高，城市管理者从“管

理”到“治理”的思想观念转变还不到位。从城市管理体系来看，甘肃许多城市的建设规划、基础设施、公共服务体系建设与配置、道路交通规划、城市综合执法管理与人民群众的合理需求之间还存在诸多矛盾，而治理方案和治理能力仍有待完善和加强。

（五）城市文化内涵缺失，文化服务供给不足

城市文化“软实力”的提升，是一个城市发展的最好展现。传统城市发展关注的重点是城市的经济内涵和规模扩张，这容易导致城市经济发展与文化发展不平衡，文化发展过程中有效的文化需求没有得到充分的满足，潜在的文化需求没有得到充分的释放等问题。进入新时期，更应赋予城市发展更深层次的内涵，由过去片面追求城市规模扩大、空间扩张，转变为以提升城市文化内涵为中心，更加注重持续发展与和谐发展。目前，甘肃在城市文化发展方面仍有诸多不足。城市文化构造方面，普遍存在偏重硬环境建设、忽视软环境建设的现象，导致城市文化形态浅表化。城市建设方面，文化内涵的塑造缺乏深度，城市建筑风格相互模仿，城市规划布局缺乏创意。城市文化供给方面，甘肃经济发展落后于全国，文化发展后劲不足，使文化服务供给不足，不能满足人民日益增长的文化需求。甘肃具有丰富的历史文化资源和深厚的文化积淀，如何展现城市特色文化，打造独特城市魅力，提升城市综合实力和对外吸引力，是建设文化甘肃的重大课题。

三　甘肃城市发展对策建议

（一）完善城市基础设施建设，优化城市运行机制

现代化的城市基础设施是现代化城市管理、运转的基础，是提升城市居民生活品质的重要环境基础，就城市发展的全局性布局而言，

更是城市聚集人才、资本、信息等要素的决定性因素。形成统筹完善的城市基础配套设施，一要注意发挥现代城市基础设施建设、运行、管理模式的作用。利用好政府和市场“两只手”。既要注意在城市基础设施建设中引入 PPP、BOT 等多种社会融资方式，盘活社会资本，加快城市基础设施建设，优化城市基础设施运营模式，又要注意加大政府引导力度，特别是对需要长期投入，对基本民生保障有重要影响的水、电、暖、通信等基础设施运行加大政府监督力度，最大限度地使现代化城市基础建设服务于居民生活。二是要提升现代城市规划水平，现代城市运行面临多要素的组合，因此在前期规划中要注意对影响城市运行的多要素进行统筹布局，在基本的城市管线布设中，实现管廊建设，提升城市基础设施的聚集性。三是要注重城市基础设施建设的科学管理。现代化的城市运行，需要科学的管理，因此要注重提升城市基础设施在建成后的科学运行和维护，确保城市基础设施安全、科学、有序运行。四是要建立科学合理的，能够提升城市基础设施建设运行质量的激励和考核机制，特别是当城市基础设施的建设、运行涉及多个系统时。因此，相关的激励考核措施也应具有针对性。总之，城市基础设施建设与运行，与城市日常运转、人民日常生活密切相关。因此，在城市基础设施建设中做到科学规划、有序建设、完善管理，是一项覆盖全环节、多方面的系统性工程，是对当前城市管理者的巨大考验。

（二）提升城市公共服务水平，完善社会保障体系

普惠、优质的公共服务对于提升现代城市生活品质、增加现代城市治理人文关怀具有重要的现实意义。要形成优质的城市公共服务水平，构建广覆盖的城市社会保障系统，建议从以下几方面入手。一是要继续实现城市区域的经济发展，为城市公共服务奠定坚实的物质基础。同时，制定合理的分配办法，制定科学合理的公共服务财政投入

政策，重视对城市弱势群体和基础设施薄弱环节的投入，特别是能够从政策制定层面保障与经济社会发展水平相一致的公共服务投入力度。二是形成科学的公共服务资金支配办法。城市公共服务涉及科教文卫、城市运行、弱势群体福利等多个方面，要能够形成科学的公共服务资金支配办法，使有限的城市公共服务资金发挥关键性作用，最大限度地助力城市发展稳定，最大限度地惠及城市民生。

（三）优化城市布局，加快综合交通运输网络建设

目前，甘肃正处于城市建设的加速期，经济发展和城市发展都取得了巨大的进步，人、物均在空间运动上呈现城市集聚效应。但与此同时，城市交通拥堵、房价高涨等问题也显现出来。这是对交通运输网络建设的极大考验，也是城市发展的机遇，如何借助交通运输对城市发展的作用力，引导城市健康有序发展，是需要进一步思考的问题。从城市内部来看，要优先发展城市公共交通，积极发展大容量公共交通，完善城市公交配套服务设施、智能交通系统、公共服务信息系统和快速公交系统，推动各种交通方式、道路交通管理系统的信息共享和资源整合，提高公共交通通达性和运营服务水平，鼓励绿色出行，发展城市步行、自行车“绿道”，满足公共交通的多层次需求；从城市外部来看，要根据甘肃自然条件和14个市州各自的特点，统筹规划、优化交通运输网络布局，强化省际、城际交通联系，持续提高中小城市与外界互联互通的能力。

（四）深化环保理念，打造绿色可持续城市环境

“容颜”是一座城市的“品质”。随着城市化进程的持续加速，城市环境问题引起了广泛关注。如何将生态环境建设作为城市发展的主要努力方向，实现城市发展与环境改善同频共振，是需要思考的问题。首先，应着力加大城市环境污染的治理力度，形成严格的惩治机

制，达到保护生态环境的初衷。其次，要寻求短期经济发展需求与长期生态环境要求平衡发展的新思路，大力发展环保产业，倡导循环经济，实现资源的可持续利用。最后，应提高公众环保意识，倡导绿色生活，从生活的方方面面着手，减少浪费、降低污染，让全体市民一起改善大家共同的居住环境。

（五）打造文化品牌，彰显城市文化内涵

文化根脉是一座城市的“灵魂”。城市的文化根脉来自历史深处，是城市的基因和灵魂。甘肃拥有悠久的历史，是中华民族和华夏文明的重要发祥地之一，被誉为“河岳根源、羲轩桑梓”。要在“一带一路”倡议大背景下，打造丝绸之路经济带新亮点，为甘肃城市发展注入新的活力。首先，要突出甘肃历史文化特色，倡导具有甘肃特色的城市文化，打造具有甘肃特色的城市文化内涵，以文化带动旅游发展，实现经济增长，并更好地打造精品城市文化。其次，打造更多的公共空间以承载文化。减少大拆大建，增加博物馆等公共文化设施，并提供足够的公共空间让市民在其中交流分享文化，使文化活起来。最后，推动全民阅读，共筑书香社会。要形成要读书、爱读书、读好书的风气，推开窗是高楼林立的现代都市，摊开书便是一片静谧的世界。倡导广大群众捧起书卷，共筑书香甘肃。

参考文献

甘肃省统计局、国家统计局甘肃调查总队：《2015 年甘肃省国民经济和社会发展统计公报》，《甘肃日报》2016 年 2 月 25 日。

甘肃省统计局、国家统计局甘肃调查总队：《2016 年甘肃省国民经济和社会发展统计公报》，《甘肃日报》2017 年 4 月 5 日。

甘肃省统计局、国家统计局甘肃调查总队：《2017 年甘肃省国民经济和社会发展统计公报》，《甘肃日报》2018 年 4 月 25 日。

甘肃省统计局、国家统计局甘肃调查总队：《2018 年甘肃省国民经济和社会发展统计公报》，《甘肃日报》2019 年 3 月 19 日。

甘肃省统计局、国家统计局甘肃调查总队：《2019 年甘肃省国民经济和社会发展统计公报》，《甘肃日报》2020 年 3 月 20 日。

徐绍史：《坚定不移走中国特色新型城镇化道路》，《人民日报》2014 年 3 月17 日。

专 题 篇

Special Topics

B.6

甘肃科技创新机制优化研究报告

袁凤香*

摘　要：　科技创新机制是科技创新发展的基础，是科技创新活动顺利实施的根本保障。优化甘肃科技创新机制，破除一切束缚和阻碍甘肃科技创新发展的体制机制和不利因素，激发创新活力，为促进甘肃区域经济社会高质量发展提供强大的智力支持和技术支撑。本报告通过图表和翔实的数据，对甘肃省科技创新体制机制优化取得的成就、目前存在的主要问题进行了分析，针对存在的问题，提出了合理的对策与建设性意见。

关键词：　甘肃　科技创新　机制优化

---

* 袁凤香，甘肃省社会科学院社会学研究所副研究员，研究方向为科技和生态文明建设。

科技创新机制是指科技创新中各构成要素之间相互联系和作用的关系及其功能，即在科技创新中能够协调各个部分之间的关系，以便更好地发挥作用的具体运行方式。它是科技创新发展的基础，是科技创新活动顺利实施的根本保障，如各种科技实施方案、实施措施等。优化甘肃科技创新机制，破除一切束缚和阻碍甘肃科技创新发展的体制机制和不利因素，激发创新活力，为促进甘肃区域经济社会高质量发展提供强大的智力支持和技术支撑。

党的十八大提出，科技创新是提高社会生产力和综合国力的战略支撑，必须摆在国家发展的核心位置；① 党的十九大指出，要深化科技体制改革，激发全民创新活力；党的十九届四中全会提出，要完善科技创新体制机制、强化科技对创新型国家建设的支撑能力。这一系列的科技创新顶层设计和科技创新战略部署，为深化科技体制机制改革指明了方向、提供了遵循。

近年来，甘肃省科技创新机制建设谨遵党的十八大以来各项科技改革要求及习近平视察甘肃时提出的“着力推动科技进步和创新”指示精神，将科技创新作为引领甘肃发展的第一动力，“在危机中育新机，于变局中开新局”，紧扣时代脉搏，立足甘肃省情实际，抢抓西部大开发重大战略机遇，以服务甘肃经济建设为主，以增强自主创新能力为动力，持续深化科技体制改革，不断完善优化科技创新体制机制，积极消除科技创新中的“孤岛现象”，为破解甘肃科技创新发展瓶颈进行了有益尝试，取得了阶段性成效。

① 胡锦涛：《坚定不移沿着中国特色社会主义道路前进，为全面建成小康社会而奋斗——在中国共产党第十八次全国代表大会上的报告》，《人民日报》2012年11月8日。

一 甘肃省科技创新机制优化成就

1. 加强顶层设计，推进科技创新治理体系建设

创新是引领发展的第一动力。自“十三五”以来，甘肃密集出台了一系列科技创新政策“组合拳”。以“十三五”科技创新规划为统领，以政府科技创新实施方案为主线，以科技创新相关部门实施方法为支柱，从规划、政策、法规、机构改革、科技奖励、成果转化、科技服务、平台运行、科技管理（机构、人才、资金、项目、企业）等方面，突破科研单位体制分割、资源分散等瓶颈，积极建立政府主导、部门分工、产学研金联动的统筹协作机制，聚集各方科技创新资源，强化军民融合创新，着力解决好科技、经济、社会等方面协调发展的重大问题，促使各项科技政策、规划及改革举措能够统筹协调、有效衔接，最大限度地激发了全省各类创新主体活力和潜能，调动了广大科技工作者的积极性和创造性，对甘肃经济社会发展给予了强力支撑。从2016年6月至2020年7月，甘肃省相继出台了55条政策措施（不完全统计，见表1），构建了甘肃科技创新发展的“四梁八柱”，进一步推进了甘肃科技创新治理体系建设。市州科技管理部门进一步强化创新服务。如天水市不断提升高新技术产业化水平，定西市大力实施科技创新“六大”行动，庆阳市搭建“五个平台”促进科技成果转化和应用。上下联动，纵横拓展，甘肃的科技创新治理能力稳步提升。

表1 “十三五”时期甘肃省科技创新实施相关政策

时间	文件	政策重点指向
2016年6月	《甘肃省科学技术奖励办法实施细则》(2016年修订版)(甘科成规〔2016〕1号)	科技奖励

续表

时间	文件	政策重点指向
2016 年 6 月	《甘肃省技术市场管理办法》(甘科成规〔2016〕2 号)	成果转化和技术交易
2016 年 9 月	《甘肃省促进科技成果转移转化行动方案》(甘政办发〔2016〕164 号)	成果转化
2016 年 9 月	《甘肃省“十三五”科技创新规划》(甘政办发〔2016〕166 号)	科技规划
2016 年 10 月	《甘肃省产业技术创新战略联盟备案与管理办法(暂行)》(甘科高规〔2016〕7 号)	产业联盟管理
2016 年 10 月	《甘肃省支持科技创新若干措施》(甘办发〔2016〕50 号)	体制机制改革
2016 年 12 月	《甘肃省技术经纪人行业服务管理办法》(甘科成规〔2016〕15 号)	科技服务管理
2016 年 12 月	《甘肃省技术转移示范机构管理办法》(甘科成规〔2016〕16 号)	科技机构管理
2017 年 3 月	《甘肃省深化科技体制改革实施方案》(甘办发〔2017〕14 号)	科技体制改革
2017 年 4 月	《甘肃省科技创新平台建设与运行管理办法》(甘科计规〔2017〕2 号)	平台建设与运行管理
2017 年 4 月	《甘肃省科技成果登记办法》(甘科成规〔2017〕1 号)	科技成果管理
2017 年 7 月	《甘肃省属科研院所科技创新能力建设实施办法》(甘科财规〔2017〕3 号)	体制机制改革
2017 年 9 月	《甘肃省技术市场条例》(修订),甘肃省人民代表大会常务委员会公告(第 64 号)	技术市场条例
2017 年 10 月	《甘肃省科技成果转化项目资助试行办法》(甘科成规〔2017〕9 号)	成果转化
2017 年 10 月	《甘肃省引进人才持有科技创新成果评审认定管理试行办法》(甘科成规〔2017〕8 号)	人才管理
2017 年 11 月	《甘肃省技术创新引导计划项目管理办法》(甘科计规〔2017〕13 号)	项目管理

续表

时间	文件	政策重点指向
2017 年 11 月	《甘肃省科技计划项目管理办法》(甘科计规〔2017〕10 号)	项目管理
2017 年 12 月	《甘肃省科技专家库管理办法》(甘科计规〔2017〕17 号)	人才管理
2018 年 1 月	《甘肃省实验动物管理办法(试行)》(甘科基规〔2018〕1 号)	实验动物管理
2018 年 2 月	《甘肃省科技创新基地优化整合实施方案》(甘科计〔2018〕3 号)	创新基地管理
2018 年 2 月	《甘肃省推进县域创新驱动发展实施方案》(甘办发〔2018〕8 号)	体制机制改革
2018 年 3 月	《甘肃省关于强化实施创新驱动发展战略进一步推进大众创业万众创新深入发展的实施方案》(甘政发〔2018〕21 号)	体制机制改革
2018 年 4 月	《关于鼓励支持专业技术人才创新创业若干措施》(甘人社厅、财政厅〔2018〕4 号)	人才管理
2018 年 7 月	《关于加快技术转移体系建设的实施意见》(甘科成函〔2018〕9 号)	体系建设
2018 年 7 月	《甘肃省重点实验室建设与运行管理办法》(甘科计规〔2018〕8 号)	实验室管理
2018 年 7 月	《甘肃省特殊人才职称特殊评价暂行办法》(甘人社通〔2018〕267 号)	人才管理
2018 年 8 月	《甘肃省科普基地管理办法(试行)》(甘科政规〔2018〕9 号)	科普基地管理
2018 年 8 月	《建设创新型县(市、区)工作指引》(甘科政〔2018〕11 号)	县市创新工作改革
2018 年 8 月	《甘肃省省级科技计划专项资金管理办法》(甘财科〔2018〕105 号)	资金管理
2018 年 8 月	《甘肃省新一代人工智能发展实施方案》(甘政办发〔2018〕151 号)	人工智能
2018 年 8 月	《甘肃省科学数据管理实施细则》(甘政办发〔2018〕173 号)	数据管理

续表

时间	文件	政策重点指向
2018 年 8 月	《甘肃省人民政府办公厅关于推进农业高新技术产业开发区建设的实施意见》(甘政办发〔2018〕152 号)	开发区建设
2018 年 9 月	《甘肃省人民政府关于全面加强基础科学研究的实施意见》(甘政发〔2018〕64 号)	基础科学研究
2018 年 10 月	《关于落实以增加知识价值为导向分配政策的实施意见》(甘办发〔2018〕12 号)	体制机制改革
2018 年 10 月	《关于进一步加强科研诚信建设的实施方案》(甘办发〔2018〕59 号)	体制机制改革
2018 年 12 月	《甘肃省规模以上工业企业高质量发展分类管理办法(试行)》(甘政办发〔2018〕224 号)	企业管理
2018 年 12 月	《甘肃省促进中小微企业高质量发展若干措施》(甘办发〔2018〕85 号)	企业管理
2019 年 1 月	《落实关于建立科技成果转移转化直通机制的实施意见奖励措施实施方案(试行)》(甘办发〔2019〕1 号)	成果转化
2019 年 1 月	《甘肃省重大科研基础设施和大型科研仪器开放共享管理办法》(甘科计规〔2019〕1 号)	仪器管理
2019 年 1 月	《甘肃省专利奖励办法》(甘肃省人民政府令第 148 号)	专利奖励
2019 年 2 月	《关于深化项目评审、人才评价、机构评估改革的实施方案》(甘办发〔2019〕9 号)	体制机制改革
2019 年 2 月	《关于进一步做好省属高校和科研院所高层次人才引进工作的通知》(甘组通字〔2019〕22 号)	人才管理
2019 年 2 月	《关于贯彻落实赋予科研机构和人员更大自主权和开展减轻科研人员负担及清理唯论文、唯职称、唯学历、唯奖项专项行动的通知》(甘科政函〔2019〕25 号)	人才管理
2019 年 2 月	《关于深化科技奖励制度改革的实施方案》(甘政办发〔2019〕14 号)	奖励制度改革

续表

时间	文件	政策重点指向
2019 年 3 月	《关于优化科研管理提升科研绩效若干措施的通知》(甘政发〔2019〕16 号)	科研管理
2020 年 4 月	《兰白科技创新改革试验区技术创新驱动基金使用管理和风险控制委员会管理办法的通知》(甘政办发〔2020〕45 号)	资金管理
2019 年 5 月	《甘肃省中小企业公共服务示范平台认定管理办法》(甘工信发〔2019〕202 号)	企业管理
2019 年 5 月	《甘肃省小型微型企业创业创新示范基地认定管理办法》(甘工信发〔2019〕203 号)	企业管理
2019 年 5 月	《甘肃省"专精特新"中小企业认定管理办法》(甘工信发〔2019〕201 号)	企业管理
2019 年 8 月	《关于科技创新支撑生态产业发展的实施方案》(甘科政〔2019〕9 号)	产业发展
2019 年 9 月	《甘肃省重大技术装备首台套新材料首批次软件首版次保险补偿机制管理办法》(甘工信发〔2019〕393 号)	仪器管理
2020 年 6 月	《关于提升甘肃省科技创新综合实力的若干措施》(甘政办发〔2020〕61 号)	体制机制改革
2020 年 6 月	《甘肃省科技企业孵化器管理办法》(甘科高规〔2020〕4 号)	孵化器管理
2020 年 7 月	《甘肃省国际科技合作基地管理办法》(甘科合规〔2020〕6 号)	基地管理
2020 年 7 月	《〈甘肃省专利奖励办法〉实施细则》(甘市监发〔2020〕245 号)	专利奖励

注：①本表科技政策、法规、条例均来自科技厅政策法规处；②相同内容文件，随着新文件的颁布，旧文件随之废止。

2. 强化创新供给，提升创新能力

“十三五”以来，甘肃省深入实施创新驱动发展战略，以改革促创新，着力破除一切制约科技创新发展的体制机制障碍和不利因素，积极优化科技创新机制和创新创业环境，不断强化科技创新供给，科技创新能力稳步提升，为构建生态产业体系、推动传统产业转型升级提供了强力支撑。一是专利产出稳步提升。专利技术是科技创新的核心。《甘肃省科学技术奖励办法实施细则》（2016）、《关于落实以增加知识价值为导向分配政策的实施意见》（2018）、《甘肃省专利奖励办法》（2019）及《〈甘肃省专利奖励办法〉实施细则》（2020）的颁布实施，充分调动了科技创新的积极性和创造性，使专利产出稳步提升。从2015～2018年甘肃在全国专利申请与授权情况来看，甘肃省的专利申请量和专利授权量呈逐年增长态势（见图1），专利申请量年均增长24.11%，专利授权量年均增长26.39%，每万人口发明专利拥有量由2015年的1.58件增长到2018年的2.62件。二是技术合同交易总量持续增长。技术合同成交额是科技创新和技术转移成效的晴雨表，是科技进步的标志性指标，也是科技创新体制机制优化的成果体现。随着《甘肃省技术市场管理办法》（2016）、《甘肃省技术市场条例》（修订版，2017）、《关于加快技术转移体系建设的实施意见》（2018）的颁布实施，技术合同交易量持续增长。从甘肃省2016～2020年技术合同登记及交易情况来看，交易量呈现不断增长态势（见表2），这表明甘肃的科技创新机制能不断适应市场需求，创新活力不断激发。三是科技成果登记数量逐年增加。科技成果是科技创新的最终体现。“十三五”以来，随着各项科技创新政策的制定和落实，甘肃的科技成果呈现良好的发展态势（见表3），有力地支持了甘肃经济发展，取得了较好的经济效益。如2019年，有284项科技成果实现产业化，创经济效益517.08亿元，净利润88.81亿元，实缴税金7.31亿元，出口创汇0.08亿元，节约资金3.10亿元。2020年1～6月，有132项成果实现转化，创经济效益7.5亿元，净利润1亿元，实缴税金0.58亿元。

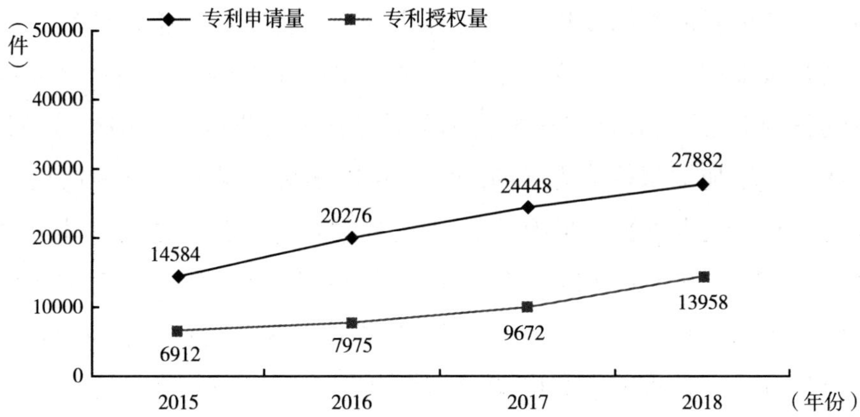

图1　2015～2018年甘肃省专利增长态势

资料来源：甘肃省科技厅网站——科技数据统计。

表2　甘肃省2016年至2020年6月技术合同登记及交易情况

单位：项，亿元

年份	登记合同数	成交金额
2016	5252	150.81
2017	5850	162.95
2018	5072	180.88
2019	5921	196.42
2020年(1～6月)	1687	45.95

资料来源：甘肃省科技厅网站——科技数据统计。

表 3　甘肃省 2016 年至 2020 年上半年科技成果登记情况

单位：项

年份	登记总数	其中应用项	其中基础理论项	其中软科学项
2016	1276	899	354	23
2017	1070	653	371	46
2018	1176	844	297	35
2019	1479	922	504	53
2020（上半年）	419	307	103	9

资料来源：甘肃省科技厅网站——科技成果统计。

3. 激发创新活力，培育创新主体

企业是开展科技创新活动的重要主体之一，也是区域科技创新体系的重要组成部分。近年来，甘肃省着眼于建立技术创新市场导向机制，积极探索在战略性新兴领域开展以企业为主导、各大院校通力协作、（政府、企业、社会）多元投资、创新成果分享的新模式，整合形成了若干产业创新中心，进一步强化企业的技术创新主体地位。从“专精特新”中小企业的认定综合管理、创新创业基地认定管理、公共服务平台认定管理、创新型企业认定管理、规上企业分类管理等方面进一步深化“放管服”改革，破解企业在投资生产经营中的“堵点”“痛点”，着力优化企业营商环境，激发企业创新创业活力，培育企业创新主体。

一是积极落实奖补资金。2017 ~ 2018 年，甘肃省科技厅对省域范围内的高新技术企业和科技创新型企业，新建或评估优秀的各类基地及平台进行梳理核准，共下放奖补资金 36374.52 万元，奖补项目 1682 项；共奖励 512 家新认定高新技术企业，奖补资金 10240 万元（每家 20 万元）；积极落实 2018 ~ 2019 年度《甘肃省支持科技创新若干措施》政策补助项目 1407 项，共兑现各类奖补资金 2.84 亿元，有效地发挥了科技创新激励作用。

二是推动企业产业转型升级。积极支持科技型企业加快产业转型升级。2018年，新设立定西、平凉、嘉峪关3个省级高新技术产业开发区。2018年，甘肃省高新技术企业897家，同比增长46.57%。2019年，甘肃省高新技术企业认定总数达到1052家，较2018年净增长155家，同比增长17.28%。截至2020年5月底，甘肃省高新技术企业共有从业人员15.11万人，工业总产值达到417.15亿元，实现营业收入570.59亿元，实现利润总额3.1亿元，实现出口总额10.91亿元，上缴税费总额29.54亿元。

三是企业研发投入不断增长。2020年1～5月，全省高新技术企业拥有科技活动人员3.18万人，占全省高新技术企业从业人员总数的21.05%。科技活动经费支出总额为15.49亿元，其中R&D经费支出12.17亿元，占78.57%，有R&D活动的高新技术企业747家，占到甘肃省高新技术企业的七成，同时R&D经费超过千万元的高新技术企业有19家。有66.06%的高新技术企业开展了科技项目的研究，共承担科技项目3540项，其中R&D项目2696项，占比为76.16%。科技项目经费支出总额为12.17亿元，项目经费投入强度达到34.38万元/项。

四是企业技术创新能力不断增强。2020年1～5月，有407家高新技术企业申请专利2811件，其中，申请发明专利1018件，有24家高新技术企业发明专利申请量超过20件；截至5月末，全省高新技术企业拥有发明专利4687件。1～5月，全省有121家高新技术企业进行了技术合同的认定登记，共1277项，技术合同成交金额达9.14亿元，其中成交金额超过千万元的企业有12家，企业核心竞争力明显提升。

五是积极落实企业减免税政策。2020年1～5月，享受减免税的高新技术企业有257家，减免税总额6.98亿元，其中享受研发加计扣除所得税减免的高新技术企业有95家，减免研发加计扣除所得税

3.05 亿元，占全省高新技术企业减免税总额的 43.7%；享受高新技术企业所得税减免的高新技术企业有 110 家，减免高新技术企业所得税 2.19 亿元，占全省高新技术企业减免税总额的 31.38%。①

4. 搭建创新平台，发挥集聚效应

科技创新平台是创新创业活动的承载基础，在整合创新资源、培育创新主体、提升服务能力等方面发挥着重要作用。

一是聚力打造兰白科技创新高地。兰州白银国家自主创新示范区和兰白科技创新改革试验区自 2014 年成立发展至今，为甘肃深化科技改革谋发展、扩大开放搞创新、先行先试作示范提供了重要的发展平台，是甘肃实施创新驱动发展战略、“着力推进科技进步和创新，增强经济整体素质和竞争力”的重要平台。在人才集聚、双创升级、打造产业集群等方面发挥了极大的集聚效应，取得了突出成就。2018 年，兰州、白银两个高新区均获得 5000 万元中央财政支持，用于打造特色载体，推动中小企业创新创业升级。兰白试验区技术创新驱动基金已发起设立 11 只基金，总规模 50.14 亿元，帮助科技型中小企业完成融资贷款 387 笔共计 30.3 亿元，累计开发新产品 116 个，完成重大科技成果 159 项，培育高新技术企业 107 家（总数达到 359 家）；搭建创新平台 132 家，培育引进创新团队 150 个；新增科技型中小企业 1076 家（总数达到 4674 家）。其中，战略性新兴产业骨干企业达到 43 家，占全省总量的 55.8%，万人发明专利拥有量达到 7.0 件，技术合同交易额达到 42.91 亿元，科技进步贡献率达到 54.5%，产业集群规模达 2000 亿元，为甘肃经济高质量发展提供了有力支撑。

二是区域创新高地加速崛起。2018 年，甘肃新设立定西、平凉、嘉峪关 3 个省级高新技术产业开发区，全省总数达到 7 个，成为带动

① 甘肃省科技厅网站成果发布。

甘肃省经济结构调整和工业经济转型升级的重要引擎。

三是产业孵化发展体系持续完善。众创空间是科技成果转化、培育和扶植科技型中小企业发展的重要平台。截至 2020 年 6 月底，甘肃共认定 125 家省级众创空间、32 家国家级备案众创空间。全省众创空间服务的初创企业 3066 家，其中省级以上众创空间服务的初创企业 2057 家，占初创企业总数的 67.1%。初创企业从业人员共 12843 人，其中应届大学毕业生 2409 人；全省孵化器在孵企业 2838 家，其中省级以上孵化器在孵企业 2251 家，占在孵企业总数的 79.3%；在孵企业从业人员 29165 人，其中省级以上孵化器从业人员 23110 人，占总人数的 79.2%；在孵企业吸纳应届大学毕业生 3436 人，占总人数的 11.8%。[①] 这些众创空间和孵化器，培育了经济发展新动能，促进了实体经济转型升级，有力地支撑了甘肃省现代化经济体系建设。

5. 助力乡村振兴，惠及人民群众

以科技创新引领县域发展和乡村振兴，全力以赴推动脱贫攻坚各项任务落实，不断增进人民群众获得感、幸福感，为如期打赢脱贫攻坚战奠定坚实基础。

一是农业现代化迈出新步伐。2018 年出台的《关于推进农业高新技术产业开发区建设的实施意见》，围绕全省“牛羊菜果薯药”六大特色农业产业及其技术需求，开展核心关键技术研发和产业化攻关。庆阳市获批建设国家级农业科技园区，酒泉、张掖进入国家农业科技园区建设发展序列。科技部新备案甘肃 29 家“星创天地”，使总数达到 82 家。

二是农业科技园区建设成就突出。截至 2019 年底，甘肃省拥有国家级农业科技园区 9 个、省级农业科技园区 35 个，已建成面积

① 数据来源于甘肃省科技厅。

76.65万公顷，从业人员数达到16.09万人，实现生产总值301.97亿元，拥有各类研发机构（含平台）181个，其中省部级以上53个，强力支撑了甘肃乡村振兴发展。

三是科技创新增进民生福祉成效显著。我国第一台自主知识产权的重离子治癌系统在武威投入临床试验。骨髓移植、器官移植技术进一步成熟，心脏介入技术取得突破。水污染防治、防灾减灾、应急防控等领域的科技创新研究工作有力推进，循环经济、减排降耗、文化创意产业进一步创新发展。

四是不断加大县域创新支持力度。2018年出台的《甘肃省推进县域创新驱动发展实施方案》，强化了科技与县域经济社会发展的有效对接，大力支持庆阳市开展省级创新型试点城市建设，高台县入列全国首批创新型县（市）建设名单。

五是科技创新引领乡村振兴。2018年出台的《科技助力产业扶贫及乡村振兴战略科技创新三年（2018－2020）行动方案》，针对甘肃农村缺乏实用技术辅导人才现状，为60个受援县区选派科技人员1228人，培训本土科技人才234人。

6. 加强开放合作，推进合作平台与项目建设

不拒众流，方为江海。随着经济全球化的不断发展，国际科技合作日益深入，全球科技创新合作已成为世界科技发展的重要推动力。[①] 近年来，甘肃科技创新合作交流从点到面扎实推进，为创新型甘肃建设汇聚力量。

一是“一带一路”科技创新合作不断深化。2017年，推进建设“丝绸之路”科技走廊，建立“中国—马来西亚清真食品国家联合实验室”“中国—巴基斯坦生态农业和生物质能技术研发联合实验

① 谷业凯：《积极融入全球创新网络（科技杂谈）》，《人民日报》2018年6月4日。

室”；组织25名青年科技人员赴日本开展“樱花科技计划”交流活动，推荐白俄罗斯1名专家荣获2017年甘肃省政府外国专家“敦煌奖”。2018年，出台《甘肃省建设丝绸之路“科技走廊”工作方案》，大力支持省属高校、科研院所与俄罗斯、柬埔寨等10多个共建“一带一路”国家开展创新合作。组织甘肃15家科研机构43项科技成果赴塔吉克斯坦开展“甘肃先进适用技术成果展”。

二是国际科技合作平台和项目建设加速推进。2017年，甘肃出台《甘肃省国际科技合作基地认定工作细则（试行）》和《甘肃省国际科技合作评估办法（试行）》，当年认定首批省级国际科技合作基地38家，认定首批国际科技特派员25名；2018年，甘肃省国家级国际科技合作基地达18家，省级基地达70家，围绕生态环境、清洁能源、先进制造等领域，组织开展33项省级国际科技合作项目。

三是科技人文交流成效显著。承办科技部2018年发展中国家技术培训班项目6期，培训127人。组织10批次63名科研人员赴美国、俄罗斯、日本、西班牙等国执行因公临时出国（境）任务。

四是国内科技创新合作水平不断提高。成功举办5届（2016～2020）兰州科技成果博览会。其中，在2019年举办的第四届兰州科技成果博览会上，参展企业383家，比第三届增长20%，展出科技成果920项，比第三届增长21%，参展展品1260件，比第三届增长了15%，签订成果转化转移项目合同218项，签约金额17.1亿元，比第三届增加了1.76亿元；[①] 2020年第五届兰州科技成果博览会上，兰州市签署了科技投资项目25个，投资金额46.71亿元，签订成果转移转化与技术交易项目258项，签约金额达到19.02亿元。[②] 兰州

① 田小东：《第四届兰州科技成果博览会签约17.1亿元》，《兰州晚报》2019年9月23日。

② 刘健：《第五届兰州科技成果博览会成果丰硕》，《甘肃日报》2020年9月27日。

科技成果博览会展现了兰州科技创新与经济社会发展深度融合的良好态势，为兰州市高质量发展提供了有力的智力支撑。

二　甘肃省科技创新机制优化存在的主要问题

近年来，甘肃省科技创新机制因地制宜、因势发展，科技实力和创新能力明显增强，但与经济高质量发展和富民兴陇要求相比，还存在许多短板和差距。

1. 政策落实不到位

近年来，甘肃专门就科技创新相继出台了40多个相关政策文件，涵盖了科技创新的方方面面。但政策出台的密度、精度和落实的力度、承接的难度极不对称。政策的含金量高，落实的成色差，与政策制定的初衷差距不小，经常出现“断片”，政策效能在经济实力、工作能力、发达地区诱惑力面前显得力不从心。微观层面配套不够，政策落地缺乏实施细节，内容偏重原则化，政策弹性大，可操作性不强，部门的协同性与集成度不高，地方、企业承接政策的主动性和能力不足，影响到政策的协调性和执行力。

2. 科技创新平台建设滞后

作为甘肃最大的创新平台——兰白国家自主创新示范区，体制机制不顺畅，省级层面统筹协调力度不够，兰白两个核心区还存在“各自为政”“单打独斗”的现象，国家自创区先行先试优势尚未充分发挥，“举全省之力”没有落到实处。全省覆盖各个产业领域的平台近600个，重复的多，共享性低，原创能力不足，优势特色不够明显。科研院所门类较全，涵盖37个学科领域，但开发应用、产业开发不足，53%的高校和科研院所不具备成果转化和交易能力。中央在甘科研院所实力雄厚，地方科研院所基础薄弱，规模较小，尤其是工业领域研究力量薄弱。包括人才、机构、成果等科技资源流失的窘况未有大的改观，一些有实力的科研机构的核心研发力量和产业化基地还在迁离甘肃。

3. 科技创新研发投入严重不足

2016～2018 年甘肃 R&D 投入从 87.0 亿元到 97.1 亿元，虽逐年增加，但 R&D 投入强度却逐年降低，从 2016 年的 1.22% 降至 2018 年的 1.18%，离“十三五”末 1.5% 左右的目标还有很大的差距，远低于 2018 年 2.19% 的全国平均水平，在全国和西部的位次也逐年下降（见表 4），这说明利用财政资金撬动企业、社会资金投入还不够。科技类企业的融资模式仍相对单一，以政府投资为主，信贷、风投、基金、保险等投资科技类企业参与科技创新和成果转化的举措还较少，市场化的融资体系尚未完全形成。科技与金融的融合度还不尽如人意。作为补助形式的创新券，也只是用于仪器共享和检验检测，科技资源合理配置有待进一步优化。

表 4　2016～2018 年甘肃 R&D 投入及其强度与全国位次

年度	区域	R&D 投入（亿元）	R&D 投入强度（%）	全国位次	西部位次
2016	甘肃	87.0	1.22	18	4
	全国	15676.7	2.11(平均)	—	—
	北京(最高)	1484.6	5.96	1	—
2017	甘肃	88.4	1.19	19	4
	全国	17606.1	2.15(平均)	—	—
	北京(最高)	1579.7	5.64	1	—
2018	甘肃	97.1	1.18	20	5
	全国	19677.9	2.19(平均)	—	—
	北京(最高)	1870.8	6.17	1	—

资料来源：《全国科技经费投入统计公报（2016～2018）》。

4. 科技成果转化能力偏弱

目前，甘肃省高新技术企业有 1052 家，与经济发达省份相比，高新技术企业数量少、规模小，在全国占比不足0.5%。企业研发能力弱，规模以上企业有研发活动的只占10.2%，大多数企业缺乏科技研发实力，与高校、科研机构缺乏长期有效的合作，基本停留在企业自身低水平技术改良层面，企业创新主体动力不足；技术供给与市场需求不对称，科学研究、试验开发、成果转化“脱节断链”。特别是省内成果转化能力弱，每年省级登记科技成果超过千项，能真正在省内转化并形成规模效益的成果不足一成，约有六成流向省外，主要是由减税政策和财政补助政策支持力度小、省内企业吸纳消化能力弱所致；部分科技成果还停留在理论研究阶段，缺乏转化的技术和路径，部分研究项目不够成熟，成果转化市场风险较高。

三　甘肃省科技创新机制优化的对策建议

针对存在的主要问题，目前或者今后一段时间，还需要从以下几方面优化改进。

1. 继续深化“放管服”改革

一是坚持科技创新和制度创新“双轮驱动”，进一步深化“放管服”改革，研究、梳理、完善促进科技创新发展的新政策、新机制，推动政府职能从研发管理向创新服务转变，营造宽松、优质的科技创新环境。二是强化部门联动协作与执行机制。实现政策无缝衔接，提高政策协同度、集成度和兑现率。加大政策落实督查力度，建立第三方政策评估常态化机制，问责追责，确保政策效能“抵达终点”。三是统筹创新资源，建立协同创新机制，打破省属科技资源“碎片化”、中央在甘科技资源“条块化”的局面，携手推动甘肃发展。四是完善政策落实细节。如在科技成果转化收益的奖励和报酬分配上，要尽量细化至科研人员的确定比例，细化至单位之间、课题组之间及内部权益分配细则。

2. 支持创新平台建设

一是加大对国家自创区——兰白国家自主创新示范区建设的统筹协调力度，充分发挥兰白国家自创区先行先试优势，切实把“举全省之力”政策落到实处。二是对现有平台优化整合，统筹存量和增量，通过撤、并、转等方式，把重复的、共享性低的平台进行优化整合，提升平台效率，并根据重大需求以及产业创新发展需要，构建新的创新平台，提升创新能力。三是创新平台运行机制，加强协同创新。加强各类创新平台的绩效考核和优化调整，实行动态化管理机制和退出机制，优胜劣汰。同时要加强各类创新平台间的协作，促进产学研用协同发展。

3. 优化转移转化体系

一是学习天津市打造的“1 + N”技术转移网络，着力打造技术转移网上工作平台，为企业“量身”提供技术经纪、知识产权、投融资、创业孵化等“互联网 + ”一站式转化需求服务。二是借助“互联网 + ”手段，定向扫描科技型企业，促进高水平科技成果与需求企业精准对接。支持企业与高校、科研院所签订战略合作协议，使供给侧与需求侧同频、基础研究与应用研究共振、产学研需联动。三是引进国内专业机构或专业团队，依托兰州科技大市场，为高校和科研院所科技成果转移转化提供政策咨询、信息发布、成果交流、价值评估、技术交易、融资贷款、法律服务等“一站式”服务。四是借助“一带一路”向西开放的历史机遇，创新对外合作交流模式，拓宽成果转化渠道。

4. 增加科研经费投入

一是积极发挥政府财政资金的导向作用，整合现有资金，重点支持重大科研创新项目。改进资金使用方式，加大对技术先进、能形成自主知识产权、产业化前景良好的高新技术企业的投入力度。落实好企业研发费用加计扣除、研发投入后补助等普惠性政策，用好“科技创新券”。二是利用政府财政资金撬动企业、社会资金投入科技创新。通过信贷、风投、基金、保险等投资方式，引导企业、社会资金参与科技创新和成果转化，构建市场化的融资体系。三是促进金融与科技的深度融合，创新金融与科技融合机制。金融机构通过建立孵化贷、互惠贷、续贷通、创新基金贷等新型融资平台以及科技创新融资担保基金，破解创新主体特别是科技型中小企业融资难、融资贵的问题。

参考资料

甘肃省人民政府办公厅：《关于提升甘肃省科技创新综合实力的若干措施》（甘政办发〔2020〕61 号），2020 年 6 月 28 日。

甘肃省人民政府办公厅：《关于优化科研管理提升科研绩效若干措施》（甘政发〔2019〕16 号），2019 年 3 月 25 日。

中共甘肃省委办公厅、甘肃省人民政府办公厅：《甘肃省深化科技体制改革实施方案》（甘办发〔2017〕14 号），2017 年 3 月 14 日。

B.7

乡村振兴背景下甘肃农村社会治理创新研究

——以柳泉镇为例

吴绍珍 *

摘　要： 农村社会治理是国家治理的基础和不可或缺的一环，没有农村社会的有效治理，没有农村社会治理体系现代化，就没有国家治理体系和治理能力现代化。在过去的一段时间，农村社会治理在国家治理体系中没有得到足够重视，造成了农村治理体制机制不适应农村社会发展的要求。乡村振兴战略的落地生根，为农村社会治理转型提供了有利契机，这不仅是对农村社会治理在国家治理体系中的核心位置认可，也指出了农村社会治理的发展方向。甘肃省兰州市西固区柳泉镇在农村社会治理上做了有意义的创新尝试，并取得了显著的成绩，但仍然存在亟待解决的一些问题。因此，需要总结农村社会治理经验，从问题入手，大胆改革创新，循序渐进提升农村社会治理能力，推动农村社会治理的现代化。

关键词： 乡村振兴　农村社会治理　甘肃柳泉镇

---

* 吴绍珍，甘肃省社会科学院社会学研究所副研究员，研究方向为马克思主义中国化和社会学。

一　问题的提出

乡村振兴战略是党中央在十九大报告中为解决农村农业农民问题作出的重要部署，意在推动关乎我国民生根本的农村农业农民工作持续健康发展。乡村振兴战略是我国“三农”工作的一个全新起点，标志着我国农村发展进入一个全新的阶段。乡村振兴战略是指坚持农民主体地位，优先发展农业农村，按照“产业兴旺、生态宜居、乡风文明、治理有效、生活富裕”总要求，加强和创新农村社会治理，建立科学、合理的农村社会治理体系，巩固和完善农村基本经营制度，促使农村管理水平的提升，逐步实现农业农村的现代化，进而促使农村产业、人才、文化、生态和组织等全方位振兴。乡村振兴战略的实施就是要加强农村基层基础工作，解决农村发展不充分、城乡发展不平衡的问题，补齐农村发展和民生短板，农村社会治理的短板是其中最重要的环节之一。

农村社会治理是指在党的领导下，以村民委员会、农村社会组织、农民个人等为行为主体，围绕农村社会面临的矛盾和公共问题，通过民主协商等多种形式，共同参与，依法对公共事务和公共生活进行规范和管理，最终实现农村社会秩序良性运转的过程。①“农村治，天下兴”，只有农村社会得到善治，农村才能全面振兴，国家才能长治久安，人民生活才会幸福。随着工业化和城镇化的迅速发展，农村综合改革逐步深化，农村基层组织建设进一步加强，治理手段不断创新，各项支农、惠农政策不断完善，我国农村社会发展水平显著提高，广大农民的获得感、幸福感、安全感不断增强。加之经济社会智

① 张海涛：《加强基层党建　创新农村社会治理模式》，《贵州日报》2019 年 12 月 26 日。

能化、数字化快速推进及乡村振兴的步伐全面加快，为农村飞跃式发展提供了难得的机会。

然而，立足我国农村人口大量流向城市，农村社会结构、农业经营体系、乡村社会环境、农民的思想观念和行为方式、家户制结构都发生了显著变化，农村社会治理工作面临着更为复杂的环境和艰巨的任务。要巩固党在农村的执政基础，实现乡村全面振兴，发展多产业融合的农村经济，满足农民群众美好生活需要，农村发展必须适应新形势，持续写好新篇章。必须加快农村社会治理现代化转型步伐，构建现代化农村治理体系，在政府的有效治理引导下科学开展基础行政工作，以此化解农村社会治理中的主要矛盾。党的十九届四中全会强调，“必须加强和创新社会治理，完善党委领导、政府负责、民主协商、社会协同、公众参与、法治保障、科技支撑的社会治理体制，建设人人有责、人人尽责、人人享有的社会治理共同体，确保人民安居乐业、社会安定有序，建设更高水平的平安中国”。[①] 这为我国农村社会治理创新、健全现代农村社会治理体制指明了方向。

柳泉镇地处甘肃省兰州市，下辖5个行政村，总面积17.87平方公里，耕地面积3718.8亩，共有7292人（2017年统计）。柳泉镇有丰富的森林生态资源和黄河流域优势，有非物质文化遗产、孔圣文化园等文化优势，有果蔬菌菇、百合籽瓜等特色产业优势。柳泉镇政府坚持以人民为中心，把增进人民福祉、促进人的全面自由发展作为社会治理根本出发点和落脚点，深入贯彻落实党的十九届四中、五中全会精神和《中国共产党农村工作条例》《关于加强和改进乡村治理的指导意见》等有关农村发展的相关文件精神，带领全镇人民充分发挥优势，坚持不懈打造“宜居、宜业、宜游”幸福柳泉，进一步加强了以党组织为核心的农村基层组织建设，不断夯实农村社会治理的

---

① 《党的十九届四中全会〈决定〉》（全文），新华网，2019年11月5日。

经济基础，逐步充实农村社会治理内容，积极致力于加强和改进农村社会治理，加大农村基本公共服务建设力度，人民群众的生活水平日益提升，农村公共服务、公共管理、公共安全保障水平明显提升。近年来，柳泉镇获得“全国亿万农民健身活动先进乡镇”“甘肃省卫生先进乡镇”“甘肃省文化先进乡镇”等荣誉称号。柳泉镇在农村社会治理创新方面积累了一些值得推广的经验。

但是在乡村振兴战略实施的背景下，柳泉镇社会治理现代化水平还有待提高。有一些无法有效解决、由新时代农村社会变化带来的新问题，阻滞了农村社会治理现代化的发展步伐。为此，本报告以乡村振兴为大背景，以柳泉镇现行的农村社会治理作为研究案例，通过与柳泉镇党委书记、镇长、5 个行政村党支部书记和部分村民座谈，以及发放问卷（包括线上问卷调查及实地发放问卷）活动收集资料和数据，发放问卷 400 份，回收 388 份，回收率 96.5%，有效率 96.5%，经整理统计后分析柳泉镇农村社会治理的经验做法及农村社会治理存在的一些问题和困难，进而提出农村社会治理可行性对策及建议。

二　柳泉镇农村社会治理的现实基础和做法

在实施乡村振兴和全面建成小康社会的道路上，柳泉镇政府领导班子团结一致带领全镇人民以建设“实力柳泉、文化柳泉、生态柳泉、平安柳泉、和谐柳泉”为目标，不断探索完善共建共治共享社会治理的新思路、新举措，努力打造符合地区实际的“实力、文化、生态、平安、和谐”美丽柳泉特色小镇，使人民经济收入不断提高，人民生活不断改善，人民权益得保障不断增强。

（一）狠抓党建促发展，全力打造“五彩柳泉”

柳泉镇党总支以习近平新时代中国特色社会主义思想为指导，全面贯彻党的十九大和十九届四中、五中全会精神，结合新时代文明实践创建工作，紧紧围绕西固区区委“五化五强”① 的党支部标准化建设要求，把牢意识形态工作主动权，突出政治功能，以提升组织力为重点、以党总支自身建设为切入点，完善并执行好“党员活动日制度”“党员电化教育制度”“三会一课制度”“民主评议党员制度”等各项党的活动制度，传达学习党的路线、方针、政策，规范填写会议记录，按月足额缴纳党费。班子成员之间、党员之间开展谈心谈话，进行自我批评、相互批评检查。镇党委积极督促5个村党支部进一步规范“三资”管理、“四议两公开”等制度运行和党务、村务、财务的规范公开，聚焦党支部建设标准化重点任务，制定重点任务清单7类，使每个党支部开展工作有准则、有方向、有依据。成立6家“党员＋农户”合作社，持续发力整顿漫坡头集体经济薄弱村、软弱涣散党组织，不断提升全镇党组织的政治领导力、组织覆盖力、队伍战斗力、群众凝聚力。全面落实“主题党日＋”活动，积极开展以“不忘初心跟党走”为主题的学习教育、文艺会演、慰问困难党员、表彰优秀共产党员等一系列党建活动，极大地提升了党支部战斗堡垒作用、党员综合素质、为民服务水平。积极组织镇7支党员志愿服务队常年在环境整治、防汛防灾、治危拆建等一线服务。凝心聚力打造“为民服务代理制”党建品牌，聚焦从严从实，强化党性教育，锤炼实干作风，树立班子形象，增强“四个意识”，争做“四讲四有”，

① “五化”指支部建设标准化、组织生活正常化、管理服务精细化、工作制度体系化、阵地建设规范化；“五强”指政治功能强、组织功能强、服务功能强、治理功能强、发展功能强。

发挥党总揽全局协调各方的核心作用，牢牢掌握党对各项工作的领导权、主导权，把思想和行动统一到全镇的发展上来，全力打造“五彩柳泉”。

（二）振兴产业创品牌，不断推动经济稳增长

产业兴则乡村兴，产业强则百姓富。近年来，柳泉镇按照“两线五基地”产业布局，牢牢牵住项目建设“牛鼻子”，按照“一产抓集中、二产抓招商、三产抓乡村旅游”工作部署，全力以赴抓项目、扩投资、强基础。各村根据实际采用不同的集体专业合作社运营模式，进行各村“一村一品”特色产业园区建设，最大限度地发展农村经济，切实让产业发展成为强村富民的重要支柱，全镇经济总量稳步提升。2017 年，柳泉镇积极开展“千企万商大走访活动”，在服务好化工燃气、机械制造、产品加工、销售经营等 110 家企业的基础上，投资 1000 万元启动实施了一冰产业孵化园，入驻中小型企业 15 家，年产值达 3000 余万元。投资 800 万元，引进兰州安恒达有限公司成立柳泉科研中心，年销售额达 300 万元，电商产业基地已初具规模。2018 年在服务好平山机械、嘉德木业等龙头企业的基础上，引进干混砂浆、安恒达科技研发中心新型规模企业 3 家，年产值达 1500 余万元。2019 年集资集智招商引资，持续深化“招商引资百日大会战”活动，积极与企业对接，重点培育甘肃金枫源物流有限公司、国华醋厂、新宇包装 3 家企业。特色农业种植基地快速发展，2017 年流转 50 亩土地，在岸门村牟家台引进滴灌节水高效特色农业种植项目，建设新型四季草莓大棚 50 个。扶持菌类种植企业 12 家，扩大种植面积 350 余亩。2018 年累计流转了 300 亩土地，引进特色农业项目 3 个，新建草莓、花卉设施大棚 120 个，实现百合、籽瓜等特色农产品“加工包装 + 网络销售”模式，创造农产品收入 500 余万元。2019 年完成测土配方施肥 0. 3 万亩，完成双垄玉米推广面积

250 亩，配合做好漫坡头村籽瓜示范基地建设，做好田间农作物种植的技术指导工作。完成猪存栏数 1910 头，羊存栏数 300 只，牛存栏数 100 头，鸡存栏数 52000 只。完成岸门村牟家台草莓基地 100 亩土地的流转，以草莓基地为发展平台，打造特色种植产业。2019 年，实现农业增加值 4528 万元，同比增长 1.18%；实现规模以上工业总产值 5135 万元；农民人均纯收入达到 21081 元，同比增长 8%。（见表 1）。

表 1　2017～2019 年柳泉镇各项经济指标

年份	农业增加值（万元）	同比增长率（%）	规模以上工业产值（万元）	三产产值（万元）	同比增长率（%）	商贸业完成（万元）	农民人均纯收入（元）	同比增长率（%）
2017	4559	1.05	—	—	—	—	18256	—
2018	4475	—	2200	—	—	—	19521	6.9
2019	4528	1.18	5135	7009	2.37	788	21081	8.0

近年来，柳泉镇按照“文化 + 农业 + 旅游”发展思路，全面建设完成东坪村非物质文化遗产馆、中坪村休闲广场观景平台，农耕民俗馆设计架构已基本成形，孔圣文化园三期工程积极争取，田园综合体项目启动设计，文化旅游基地建设稳步推进。镇党委依托创业培训基地，于 2018 年开展创业培训活动 8 场，培训 900 余人次，劳务输转 1400 人次；于 2019 年开展劳动力技能培训活动 8 场、就业招聘活动 2 场、返乡创业教育活动 1 场，累计培训人员 860 人次，劳务输转 1700 余人次。

（三）夯实基础，提升质量，持续改善人居环境

柳泉镇深入推进乡村振兴战略，补齐短板，改善环境，优化人居

条件。推进美丽乡村建设，因村制宜、规划先导，投资300余万元，在西坪村建设完成省级美丽乡村“七大工程”。东坪村依托中坪村、西坪村建成省级美丽乡村有利条件，全力冲刺打造省级美丽乡村，总投资543万元，完成道路“油反砂”工程7.7公里；投资100余万元，建立了东坪村农耕文化产业园、铁芯子和民俗体验展馆3座；投资50余万元改造了镇文化站，铺砌碑林地面400余平方米。中坪村打造宜居、宜业、宜游的田园综合美丽乡村，建成了商业一条街、文化休闲广场及便民服务基层设施，并亮化、美化、绿化和平整街道，为村民创造了良好的生活环境。投资470余万元，硬化改造镇域主干道、西坪村道10公里。在基础设施方面，投资5664万元，大力实施柳泉镇污水收集工程和投资1866万元的天然气入户项目，2019年污水收集管道全部铺设完工，与农户对接使用，天然气设施全部通气使用；投资320万元完成岸门村161户厕所改造项目。投资50万元，全面配套落实村金融网点、医疗站点、日照中心等服务设施。2018年，完成83户危旧土坯房改造。2019年，共完成39户农村危旧土坯房的改造，完成改厕1475座。建成4条图景、仿古的文明街巷，种植乔灌木5000余株，增加26组观赏树花坛，打造绿色长廊0.8公里。2020年拆除清理残垣断壁408.56立方米，垃圾外运3329.13立方米，处理生活垃圾200余吨，同步组织群众对房前屋后、村社道路、公共场所堆放的杂物、柴草进行大清理、大整治，有效改善人居环境，村庄越变越美，村民满意度越来越高。调查数据显示，受访者对柳泉镇乡村治理给予了高度的肯定，对镇政府村委会工作十分满意、满意、比较满意的占比之和达96.90%（见图3）。

（四）以文化人强信心，增强村民的文明意识

柳泉镇以培育和践行社会主义核心价值观为主线，实施文化建设振兴工程。为激活文化，增强地方文化底蕴，坚定文化自信，传承非

图1　柳泉镇乡村文化工程建设

图2　柳泉镇中坪村美丽乡村文化墙建设

遗文化启发后辈，提振精气神，修建60座文化碑林；建设占地200平方米的非物质综合文化馆，馆内存有八大类千余件展品（红色收藏、科学发展、丝路文化、书画作品、文娱活动、工艺制作、民俗传承、农耕文化）；成立了柳泉镇“世大”文化基金会和六大协会（书画协会、文艺协会、音乐协会、武术协会、戏曲协会、老龄协会）。文化建设带头人陈守文撰写了《云山日记》《云山杂吟》等多本书

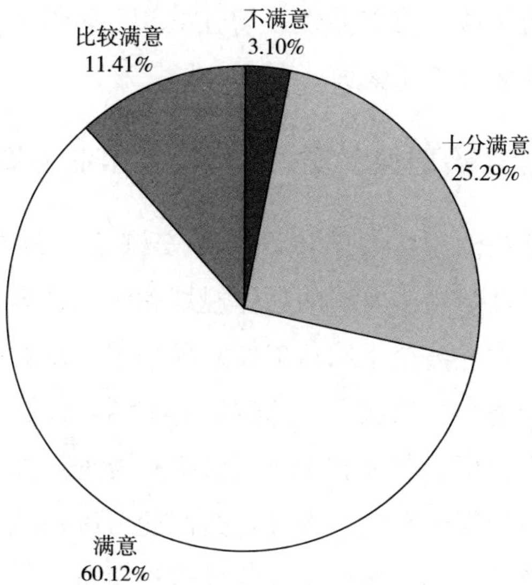

图3　受访者对柳泉镇乡村治理的工作满意度评价

籍，整理编撰了《柳泉乡志》《柳泉史拾》《柳泉八古》《柳泉变迁史话稿》《柳泉武术史话稿》等地方历史文献资料。加大公共文化基础设施建设力度，5个村均设有文化活动室、农家书屋、广播室、文化广场、篮球场、文化舞台等活动场所，面向所有村民，实现全覆盖。利用文化活动室、文化广场、乡村舞台、农家书屋等文化阵地开展文化活动，例如，乡镇大型文艺演出、农民体育运动会、道德讲堂活动、广场舞比赛、各类棋类比赛、书画展等。设立孝道红黑榜、诚信红黑榜，集中宣传展示道德模范、文明家庭、美德少年、各级好人等先进典型和事迹，使群众学有样板、做有标杆。各村制定村规民约，在村组醒目位置张榜悬挂，并入户宣传，让群众人知人晓、入脑入心。扶持壮大农村社火队、秧歌队、自乐班等文艺演出队伍，增强农村文化自我发展能力。在现代化、多样化的文化氛围中弘扬优秀传统文化和地方特色文化，宣传普及良好行为习惯和价值观念，大力营造弃恶向善、尊老爱幼、团结友爱、互帮互助的良好人文环境，达到教化人心、陶冶情操、修养品性、增强共识、凝聚力量的育人目标，逐步提高群众的精神文明素养。

（五）抓综合治理保平安，推动社会事业协调发展

柳泉镇认真贯彻落实关于建设“平安柳泉”的总体部署，将综合治理纳入全镇社会经济发展的总体规划和年度计划，把综治经费纳入镇财政预算，建立健全了综治工作领导小组，配齐配强了镇综治中心人员和村级调委会、治保会、巡逻队等综治组织，完善了党委、政府定期召开稳定分析会制度和矛盾纠纷排查调处工作制度，完善了重大矛盾纠纷和不稳定因素党政领导包案制度、综治联席会议制度，建立健全各项应急预案等，实行主要领导包村负责制，与各村签订年度平安建设目标责任书。构建“镇、村、中心户长、30～50户村民(基本单元)”的“四级联治”网格化管理体系，实现一级抓一级、层层抓落实的良好局面，实现了社情民意在网格中掌握、惠民服务在网格中展开、矛盾纠纷在网格中化解的效果。依托综治组织统筹协调的职能优势、网格化平台等各类政法综治维稳专业数据资源，加快立体化、信息化社会治安防控体系建设。在社会保障方面，积极配合完成社保征缴体制改革，确保“全民参保”。持续开展“一户一策”精准帮扶，2018年，13户42名建档立卡户已全部实现脱贫摘帽。2019年，如期完成脱贫攻坚任务，确实做好全镇13户精准扶贫户的保障工作，办理城乡养老保险新参保834人，完成失地农民养老保险认证1250人，发放医疗救助、生活补助、计生奖扶等各类资金100余万元。推进“雪亮工程”等公共安全视频监控数据联网应用，利用监控探头，基本实现对交通要道、重点地区、复杂场所、居民聚居区和重要基础设施的全覆盖，有效预防了公共安全事件的发生。发放宣传手册、“致广大群众的一封信”、“致全区共产党员一封信”，广泛利用微信、头条、抖音等新媒体进行宣传，深入农户、学校、企业、工地、宗教场

所进行走访宣讲，加强重点人员防控和青少年违法犯罪预防工作，持续扫黑除恶，帮教吸毒人员及两劳释放人员，防范和处理邪教人员，深化对民族宗教及宗教场所的管控。2020 年，做好疫病防控工作，及时安排部署，对养殖场严格落实门禁制度和消毒措施，做好非洲猪瘟防控工作，采取 24 小时值班制度，确保柳泉镇防控工作有序开展。在问卷调查中，受访者认为村庄很安全和较为安全的占比和为 100%，认为没有恶势力干扰的占比为 85.57%（见表 2）。

表 2　受访者对村庄安全和有无恶势力干扰的认识

单位：人，%

问题		人数	百分比
您认为自己生活的村庄安全吗？	很安全	336	89.18
	较为安全	52	10.82
	不太安全	0	0
	很不安全	0	0
您所在的村庄有恶势力干扰村委会工作吗？	没有	332	85.57
	不多	0	0
	较为严重	0	0
	不清楚	56	14.43

三　当前柳泉镇农村社会治理面临的困局

在农村社会治理体系现代化进程中，柳泉镇举全镇之力促进三产融合发展，持续狠抓农村社会综合治理，为全镇经济发展带来活力，人民群众的生活水平明显提升。但是，市场经济的发展不仅造成了大量农村人口向城市流动，而且加深了城乡二元分化矛盾，城乡间隐藏的社会问题持续积累，乡村治理面临现代化转型的重要问题。从当前柳泉镇农村治理的角度来看，农村社会治理依然存在困境，治理任务艰巨。

（一）农村经济发展水平有待持续提高

近年来，柳泉镇经济发展水平稳中有升，农民的人均收入在甘肃农村处于中上水平，2019 年柳泉镇农民人均可支配收入比甘肃省农民人均可支配收入高出 11452 元（见图 4）。但和甘肃省城镇居民的收入与生活质量相比，还存在一定的差距。柳泉镇虽然三次融合发展已初具规模，但产业链条短，专业合作社少而不专，带动作用不明显，老百姓的参与度不高。集体经济收入还处于较低水平。农村土地少，光靠种植业不能达到农村群众的致富要求。有个别农户基本没有经济来源，靠低保生存。镇上绝大部分受教育程度高的青壮年劳动力都外出务工或经商，部分农户家里的土地只是种一些自家吃的蔬菜水果或荒芜，造成了农业产业的弱化。科学文化素质高、懂现代农业生产技术、具备一定经营管理能力的新型职业农民数量偏少。旅游文化产业、新业态电商产业缺乏相应的技术、服务和管理人才。大部分农民创业意识不强、增收能力不高。

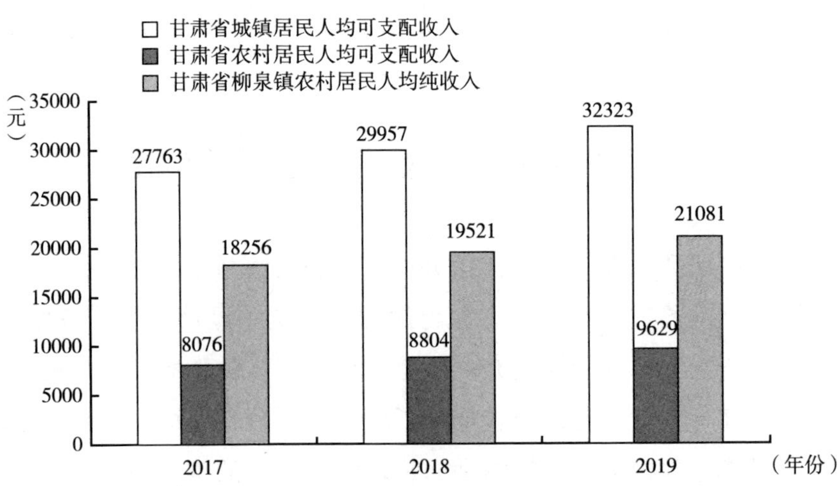

图 4　2017 ~ 2019 年甘肃省城镇、农村及柳泉镇农村居民人均收入比较

资料来源：国家统计局，柳泉镇政府。

（二）乡村自治的主体缺失

柳泉镇乡村内部主体力量没有被有效调动起来，普遍呈现消极应对和被动接受的姿态。乡村治理的主体性缺失导致村资源得不到高效整合，“村民自治”没有有效发挥作用。在调查中发现，柳泉镇一些村民自治意识不强，对自己所拥有的权利界定不清，很了解、较为了解和一般了解自己具有选举权和被选举权的受访者共占95.09%。但是，还有4.91%的受访者不了解自己具有选举权和被选举权。44.33%的受访者不了解村民拥有决策权、管理权、监督权等其他权利（见表3）。在访谈中了解到，柳泉镇治村的乡村精英缺乏，青壮年及高素质人才流出，农村人口结构失衡，发展年轻党员困难，社会治理后备力量不足等问题突出。

表3　柳泉镇被访村民对村民自治的认识

单位：人，%

问题	很了解		较为了解		一般了解		不了解	
您是否了解自己具有选举权和被选举权?	人数	百分比	人数	百分比	人数	百分比	人数	百分比
	201	51.80	95	24.48	73	18.81	19	4.91
您是否了解村民拥有决策权、管理权、监督权等其他权利?	76	19.59	58	14.95	82	21.13	172	44.33

（三）村两委村庄治理能力有待提高

柳泉镇5个村中民主管理制度没有得到完全落实，民主决策也没有得到真正实行。23.20%的受访者表示自己没有参加过村组织的换届选举工作，46.65%的人表示自己不会寻求村委会的帮助，48.97%的受访者表示村委会没有征求过自己的意见。45.62%的受访者认为村民没有必要对村两委工作提出意见和建议，73.45%的受访者表示不知道最近村委会等组织做出过决定，55.1%的受访者认为村干部思想保守、改革创新信心动力不足、缺乏敢闯敢试的胆识和勇气、对行政工作的处理能力有待提高。67.4%的受访者认为村委会对村民关心不够，48.8%的人认为党支部、村委会、村监委对自治服务保障力不强，48.71%受访者表示不会主动组织或加入村自治组织（见表4），调查数据表明农村社会治理还存在自治组织成员能力素质欠缺、治理缺乏活力的问题。柳泉镇事关群众切身利益的医疗、住房、社保等工作需进一步强化。在座谈中，一些村民反映农村教育、医疗、社会保障等民生事业发展缓慢。医疗服务上存在看病困难的问题，缺高水平的医生，医疗设备不足、机械设施陈旧，只能看一些小病，大病治不了。在教育方面，各个小学、中学与城市的教育资源存在较大差距，条件较好的农村家庭都会将孩子送往城市学校学习。

表4　受访者对自治及自治组织的认识

单位：人，%

问题		频数	百分比
您参加过村组织的换届选举吗?	参加过	298	76.80
	没有	90	23.20
您是否会主动寻求村委会的帮助?	会	207	53.35
	不会	181	46.65
村委会等组织征求过您的意见吗?	征求过	198	51.03
	没有	190	48.97
您认为有必要向村委会提意见和建议吗?	有必要	211	54.38
	没有必要	177	45.62
您知道最近村委会等组织做出过决定吗?	知道	103	26.55
	不知道	275	73.45

续表

问题		频数	百分比
您所在的村庄除了村委会、村监会外还有一些组织吗?	有	213	54.89
	没有	106	27.32
	不清楚	69	17.79
您会主动组织或加入村自治组织吗?	会	199	51.29
	不会	189	48.71

（四）文化阵地的作用不充分

现存文化服务与村民精神文化需求没有实现无缝对接，农家书屋、篮球场、文化活动室、文化舞台等文化阵地使用率不高，服务内容不充分，群众参与热情不够。农村文化活动“送”文化、“扶”文化、“植”文化作用发挥不足，送到农民家门口的文化、科技、卫生宣传活动太少。农村缺乏文化骨干队伍，文化工作力量薄弱，文化内容创新乏力，缺乏影响力。陈规陋习依然存在。例如，存在薄养厚葬、大办红白喜事之风；存在一些“等、靠、要”的农户，等着吃低保，凡事不去主动谋划。

（五）法治建设相对滞后

第一，农村法治建设体系不完善。从总体上看，有关农民权益保障的专门性法律不完善，如农村社会治理中有关村民矛盾调解、土地征用补偿、村民民主监督等问题。目前法律法规并没有明确地涉及与规定。现有的部分法律法规所规定的内容已不符合乡村社会的客观实际与发展需求，致使在村委会分配土地征用补偿、处理土地纠纷时农民无法得到满意结果。

第二，部分基层干部和农民群众的法律意识淡薄。一些农村基层党员干部文化程度不高，加上忙碌的日常工作和生活，对法律知识的学习不够重视，对国家颁布的法律法规一知半解，守法的自觉性不高，依法律法规办事的意识薄弱，以言代法、以权压法，在竞选、村民投票的过程中为自己中意的候选人加分、拉票，执法过程中依然存在工作随意、执法不严、滥用职权等现象。大部分村民不主动学习法律，法律知识缺乏，权利意识与法治观念淡薄，对于权利以及权利应当如何行使、权利受到侵犯后应当如何维护等法律思维欠缺。当自身利益受到侵犯时，一些村民无法用法律方式捍卫自身合法利益，要么自认倒霉，要么上访，要么选择非法律方式处理。调查数据显示，46.8%的受访者遇到纠纷会使用法律来维护自己权利，42.6%的受访者看情况而定（见图5）。58.76%的受访者认为乡村法制有待完善，48.20%的受访者认为村民法律意识薄弱（见图6）。

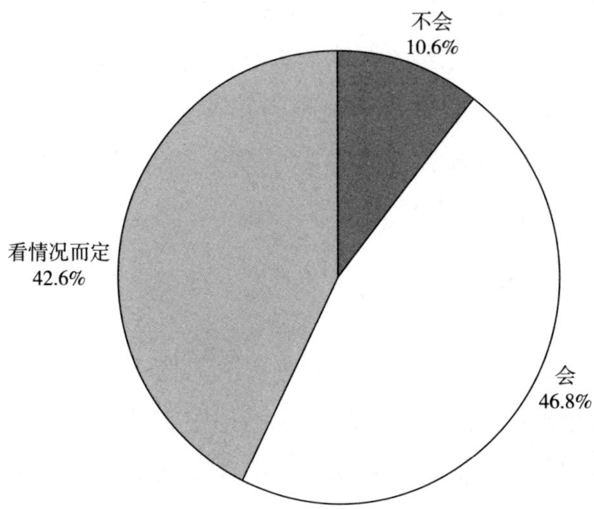

图5　受访者对遇到纠纷会不会使用法律来维护自己权利的选择

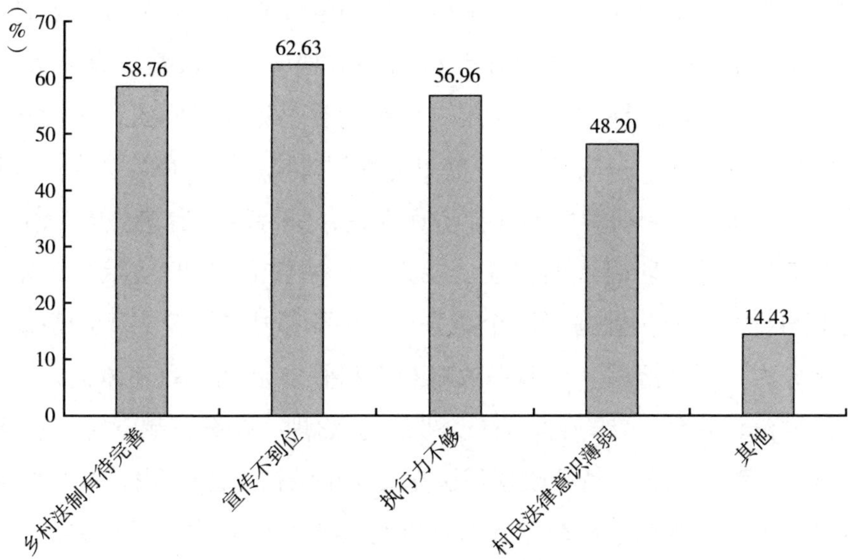

图 6　受访者对乡村法制建设存在问题的认识

四　农村社会治理创新的对策

柳泉镇农村社会治理中出现的问题在我国农村中具有普遍性，针对柳泉镇在农村社会治理中存在的问题，把自治、法治、德治结合起来，积极搭建多方参与治理的平台和渠道，鼓励引导社会和民众共建共治共享，推动政府治理、社会调节、基层群众自治实现良性互动，促进我国农村社会治理体系向现代化治理体系转变，助力早日实现乡村振兴。

（一）强化基层党组织建设，努力实现基层党建与社会治理的双提升

习近平总书记曾指出："要把加强党的基层建设、巩固党的执政基础作为贯穿社会治理和基层建设的一条红线。"实现农村社会有效治

理，应维护党组织的领导核心地位，加强乡镇党委对农村社会治理工作的集中统一领导，党委要在乡村治理方向、制定政策、谋划大局、促进发展等方面发挥主心骨作用。乡镇党委书记要切实履行全面从严治党主体责任和“一岗双责”，以习近平新时代中国特色社会主义理论为指导，认真学习研究党的社会治理理论，坚持从严治党、从严治吏，提升党员干部的理论认识和政治能力，牢固树立“四个意识”，坚定“四个自信”，坚决做到“两个维护”，增强农村基层党组织的组织力和领导力，正确把握乡村振兴战略和农村社会治理的政治方向，汇聚全体党员、社会各方的强大力量参与社会治理。持续整顿党组织弱化、虚化、边缘化问题，持续改善基层党员队伍结构，选优配强村“两委”领导班子，扎实推进村级党支部标准化建设，严把党员入口关，切实做好积极分子培养工作，积极吸纳有威望、有能力、爱农民的优秀年轻人入党。建立党员干部的长效化教育培训考核制度，加强基层党员干部党性修养，切实提高党组成员的思想认识、理论水平和业务能力，不断提升党组织成员的政治定力、纪律定力、道德定力、抵腐定力。全面落实村“两委”换届候选人县级联审机制，坚决防止和查处以贿选等不正当手段影响、控制村“两委”换届选举的行为。健全完善乡镇党委书记和党委领导班子成员等包村联户工作机制，持续健全常态化参与治理机制、常态化定期回访机制，及时发现农村基层党组织建设、乡村治理和群众生产生活等存在的问题，并及时研究解决。发挥党员“领头雁”作用，推动农村党建与农村治理深度融合，积极探索乡镇村党组织价值引领、思想引领、组织引领、机制引领的有效措施，持续破解村民的实际困难，努力实现农村基层党建与社会治理的双提升。

（二）不断提升基层政府服务能力，为村民提供高质量的服务

乡镇政府是我国最基层的政权机关，是乡村振兴战略贯彻落实

的重要执行者，是农村社会治理的重要引领者、组织者、实践者。乡镇政府深刻认识加强乡镇政府服务能力建设的重要性和紧迫性，坚持问题导向，不断创新农村社会治理手段，为村民提供高质量的服务。

一是乡镇党组织要领导政府相关部门做好农村社会治理方面的制度性设计、全局性事项管理，完善乡镇基本公共服务投入机制，攻克乡村产业、人才发展、基础设施、医疗教育卫生、环境治理等方面的难点、堵点、痛点问题，积极推进城乡一体化发展。

二是乡镇政府治理行为应纳入法制化、规范化轨道，把依法行政作为政府运行的基本准则，运用法制思维和法制方式严格行政决策、执行监督。要深入推进纠风专项治理和政风行风建设，涵养良好政治生态，以清正廉洁的形象取信于民。

三是牢固科学设岗定责，强化执行力落实力，要不折不扣地完成既定任务，不允许搞拖延搞变通。规范村级组织工作事务，切实减轻村级组织负担。

四是全面实施村级事务阳光工程，进一步健全完善服务绩效考核、监督、问责等制度，完善党务、村务、财务“三公开”制度，支持建立“村民微信群”“乡村公众号”等，加强群众对镇村级事务有效监督。

五是加强农村干部队伍培养、配备、管理和使用，以懂农业、爱农村、爱农民作为基本要求，建立健全符合乡镇工作特点的干部管理制度，建立科学化、差别化的乡镇政府服务绩效考核评价体系。

六是坚持问题导向、目标导向、结果导向，转变政府职能，持续探索建立“互联网 + 网格管理”服务管理模式，不断加大“放管服”改革力度，为农民提供“一门式办理”“一站式服务”，构建线上线下相结合的乡村便民服务体系，运用大数据、区块链、云计算、人工智能等前沿技术提升乡村治理智能化、精细化、专业化水平，为社会治理和创新提供不竭的力量源泉。真心诚意为农民群众干实事、干好事、干成事。

（三）力促产业兴旺夯实经济基础，使群众的获得感更加充实、更可持续

解放和发展社会生产力是推进农村社会治理现代化的“试金石”。经济建设是解放和发展生产力的根本保障，无论什么时候，农村社会治理必须坚持以经济建设为中心，聚精会神抓好经济建设，不断实现经济稳定增长，实现社会和谐有序稳定向前发展。

第一，以农业供给侧结构性改革为主线，改造提升传统产业和特色产业，按照“一（乡）镇一业、一村一品”的特色经济发展思路，结合农村电商服务体系，推动农业生产全环节升级，做好网络经济培育工作，为中、小、微企业发展和群众创业搭建平台。

第二，坚持用市场化、持续化的眼光培育成熟度较高的行业和带动能力强的农业龙头企业，积极发展农业产业化、规模化生产，扶持小农户弱小经营主体通过依附专业大户、专业合作社、农业龙头企业等优势经营主体，获得生产、就业、服务等多方面的收益。加快发展土地流转、服务带动等多种形式规模经营，采取“支部+龙头企业+其他”等形式，发展壮大村级集体经济新模式。加快“互联网+农业”建设，鼓励农民精细化加工和深度加工农产品，打造农产品加工业知名品牌。发展特色种植养殖业，培育形成特色鲜明、覆盖全域的田园综合体系，依托农村田园风光、乡村特色文化等资源，打造风景旅游区，大力培育一批独具特色的农家乐及乡村民宿经营实体。

第三，坚持全力以赴抓项目抓招商，对现有的龙头企业做好服务工作，对经营情况较好的，有可能扩大再投资的企业进行重点跟进，及时掌握企业经营动向，优化服务，让更多更好的项目落地。

第四，各地要积极引导有才能、有理想、有抱负的青年人返乡创业。加强对农民职业培训，增强农民就业技能和经营能力，拓展农民增收空间，为促进增收发挥重要作用。

（四）增强村民自治活力，激发农村社会治理主动性

村民自治是现代农村社会治理的基本形式，是实现有效治理的基石，也是实现村民的自我管理与自我服务的有效途径。

首先，激发村民自治的活力。乡村治理变革应以村民需求为导向，通过乡村振兴建设让村民们看到农村社会的变化和得到实实在在的好处，增强村民获得感。村干部要端正村民自治的思想观念，要尊重和发挥村民的主体作用，要经常和村民打交道、唠家常，多听取民声，多汲取群众智慧，了解村民所需所想所盼，及时解决村民存在的困难。要保障宪法赋予村民的个人自由和权利，凝聚村民意愿，充分激发乡村现有人才主人翁意识，引导村民自觉承担社会治理责任，构建“人人有责、人人尽责、人人享有”的社会治理共同体。

其次，进一步完善村民自治制度。完善村民（代表）会议制度，健全基层议事协商制度，健全民主决策机制、收入分配机制、利益协调机制、社会舆情汇集和分析机制。推进民主选举、民主协商、民主决策、民主管理、民主监督实践，鼓励群众积极参与自主议事活动，保障村民享有充分的决策权和参与权，实现党委领导、政府负责、社会协同和公众参与的良性互动。

最后，进一步加强自治组织建设。政府贯穿共建共治共享的社会治理理念，加大对社会组织的扶持力度，积极为社会组织参与乡村治理创造有利条件、搭建平台，将乡村文化精英、返乡大学生、经济精英、退休干部、驻村企业等吸纳进基层组织结构中，建立各种行业协会、专业合作组织、“红白事组织”、“妇女协会”等农村社会组织，调动农村中各类治理主体的积极性，主动参与农村公共事务和公益事

业，做好社情民意通达、民间纠纷调解等事务，共同推动农村社会和谐发展。

（五）加强农村文化建设，进一步提高乡村公共文化服务水平

农村社会治理要实现乡风文明，文化建设是重要支点和力量源泉。农村社会治理要把文化建设排在更加突出位置，以社会主义核心价值观为引领，不断完善乡镇、村级公共文化网络，不断焕发乡村文明新气象。

首先，加大资金投入力度，提供优质文化产品服务。进一步加大农村文化建设专项投入力度，拓宽文化资金渠道，鼓励支持村民自筹资金，吸引社会力量投入乡村文化建设。紧贴时代主题，在原来文化阵地的基础上，给文化广场、文化活动室、农家书屋等文化场所添置设施、更新内容，加快乡村文化资源数字化建设，积极发挥文化阵地的宣传教育、科学普及、文化娱乐、信息服务、体育活动等作用。各级文化部门要有健全的长效的“送”文化、“扶”文化、“植”文化工作机制，丰富服务内容、提高服务效率，实现“送”文化、“扶”文化、“植”文化与农民需求有效对接，使农村文化活动永葆活力。大力挖掘农村乡土风情、演变历史、人文资源、思想观念、人文精神、道德规范等农村优秀的传统文化资源，办好村史馆，培育乡村特色文化产业，着力打造特色文化品牌，为乡村振兴注入“文化魂”，让群众共享优质文化成果。

其次，丰富文化活动载体，强化先进文化的引导。采取诸如宣传栏、文化墙、农村广播和印发文化手册等传播方式，强化对党的方针政策、文明公约、村规民约、家规家训、生态环境保护等方面的宣传。借助网站、微信、微博等新媒体，多制作宣传推广反映喜事新办、丧事简办、诚信重礼、尊老爱幼、扶残助残、邻里守望、勤俭节

约等农村优秀传统文化、思想道德先进事迹的作品，开展崇德向善、喜事新办、丧事简办、遵纪守法等的优秀村民评选活动。鼓励文化能人编制蕴含现代文明理念、生活方式、新的文明风格的农民看得懂、喜欢看的文化节目，结合各种节庆日因地制宜地广泛开展他们乐于参与、便于参与的乡镇文艺汇演、广场舞表演、黄土风情民歌表演、摄影展览、书法展、剪纸作品展等乡村文化活动，厚植文化根基，激发村民的社会荣誉感和责任感，增强乡村文化自觉与自信，让社会主义核心价值观深入人心。

最后，做好文化队伍培育。鼓励各地创新政策，吸引选拔一批年轻人尤其是大学生、退伍军人到乡镇综合文化站工作，配齐配强乡镇文化站工作人员，不断巩固、充实文化宣传队或文化演艺队，搭建丰富多彩的平台，聚民智、用民力、携民手，引领村民开展经常性、普遍性富有教育意义的文化艺术活动，营造健康向上、人人乐观的文化环境，通过村民文化素养、道德品质、精神面貌的全面提升促进乡村风貌日新月异。

（六）加快法治建设，促进农村社会治理法制化

农村社会有效治理、实施乡村振兴战略，必须要以法治为保障。

第一，完善农村立法。国家相关立法部门坚持科学立法、民主立法和依法立法的原则，在广泛征求人民群众意见的基础上积极研究制定相关涉农法律法规，及时清理修正一些不适应农村社会治理法治化发展的法律及规范性文件，制定出台适应地方发展的地方性法规，为乡村全面振兴提供坚强有力的法治保障。

第二，加快培养服务农村的法律专业队伍。培养直接面向农村提供法律服务的工作者，提高基层法律工作者综合素养和法治技能，使其尊法学法守法、运用法治思维和法治方式依法办事、依规办事、依程序办事。加强农村群众调解员队伍建设，强化调解员队伍法律知识

技能的培训，学会调解纠纷、化解矛盾。加强农村法律志愿者队伍建设，鼓励律师及定居农村的退休老干部、老教师、老模范、老军人、老党员等人员加入法律志愿者队伍，确保每个村有一名专职法律服务志愿者，为农村提供优质免费法律宣传、咨询等服务。

第三，营造良好的法治环境。立足农村社会治理，面向农民群众，充分整合各方资源，创新普法宣传方式，探索更多贴近实际、贴近生活、老百姓喜闻乐见的法治宣传方式，加大《土地承包法》《村民委员会选举法》《野生动物保护法》等法律知识的宣传力度，积极开展“送法下乡”、司法联动、法治文艺会演等公共法律服务活动。举行法制宣传进校园活动，培养青少年遵纪守法意识，预防和减少青少年违法犯罪行为。

第四，提高法律执行力。要加大对网吧、抹牌赌博、封建迷信活动的打击力度。整治农村婚丧大操大办、高额彩礼、厚葬薄养等不良习俗。对违法行政、执法不严及枉法裁判的人员进行党规法纪的处罚，从而保证行政、执法及司法过程的合法公正。

B.8

社会治理视角下深度贫困地区脱贫攻坚与乡村振兴发展路径研究

——以东乡县为例

王 荟*

摘 要： 东乡县在实际的发展过程中，以国家方针和政策为基准，进一步有效紧抓“两不愁三保障”的发展目标，进一步组织和动员全县人民群策群力，汇集各方智慧，不断完善基础设施建设，有效构建更系统完善的民生保障体系，切实做好脱贫攻坚工作，取得了显著的成效。本文尝试从社会治理的角度，结合东乡县脱贫攻坚实效，分析东乡县走出的特色脱贫路径，并对深度贫困地区进一步开展乡村振兴提出对策和建议。

关键词： 社会治理 深度贫困 脱贫路径

一 以社会治理的视角开展深度贫困地区脱贫路径研究的基本逻辑

（一）社会治理的科学内涵

十九大报告着重强调，要“打造共建共治共享的社会治理格

* 王荟，甘肃省社会科学院社会学研究所副研究员，研究方向为区域经济发展、产业经济、反贫困问题。

局”，在社会治理和经济发展过程中，要把人民作为根本中心，以此作为最基本的原则，充分实现社会治理格局的有效打造，真正意义上实现共建共治共享，形成全新的格局。而要想实现这样的目标，需要进一步提出和落实相对应的根本路径，这是至关重要的。就实际的路径而言，主要包括6个方面的内容。一是进一步构建更为完善科学的社会治理制度；二是有针对性地构建社会矛盾预防和化解机制；三是构建更加良好的社会治安防控体系；四是建设社会心理服务体系，并对其进行不断地完善和优化；五是构建社会治理体系；六是在更大程度上提升社会经济发展过程中的减灾救灾能力。①

（二）以社会治理的思路开展扶贫脱贫是必由之路

首先，我国社会治理的目的和性质从根本上决定了在社会治理过程中必须贯彻落实以人为本、以人民为中心的基本原则，体现民本主义思想，把社会问题作为基本导向，为社会和谐稳定的发展提供必要的推动力。这与脱贫攻坚进程中政府机构统筹社会力量，针对贫困问题合作互助，共同参与扶贫脱贫，有着最基础的指导思想层面的统一，也只有在党的统一领导下，才有可能完成如此宏大的脱贫攻坚任务。

其次，“深度贫困地区、贫困县、贫困村，致贫原因和贫困现象有许多共同点”②，在国家治理层面，要针对各类贫困的共性进行深入细致的探究，把握内在的规律和根源，从社会治理的层面以宏观的角度来考虑问题，并且编制和设计与之相对应的攻坚扶贫政策，从社会治理的宏观角度出发落实扶贫政策，才能“靶向用药”，直击贫

① 魏礼群：《党的十八大以来中国社会治理的新进展》，《社会治理》2017年第5期。

② 习近平：《在深度贫困地区脱贫攻坚座谈会上的讲话》，人民出版社，2017。

困顽疾。

最后，深度贫困地区的致贫原因有着一致性和共性，同时也体现出个性化特征，因此基层的脱贫治理必须要以社会治理理念为指导。例如，东乡县贫困的首要原因主要体现在，它的生态系统比较脆弱，林木和植被比较稀疏，容易发生多种类型的自然灾害，同时面临着多种类型的不可预见因素；原因之二体现在它的经济结构不够科学合理，缺乏科学性和规范性，产业结构存在很多短板，发展后劲不足，多种因素叠加在一起，严重限制其经济发展步伐；原因之三为教育底子差，教育不均衡问题突出造成地方发展后劲不足，扶志、扶智压力大；原因之四为基础设施比较陈旧落后，并没有实现与时俱进，投资与养护压力大。上述四种致贫因素，都在不同层面上与社会治理息息相关。由此可见，对于多种复合因素叠加造成的深度贫困，以简单的“头痛医头脚痛医脚”模式开展脱贫攻坚是无法达到预期目标的，只能由基层政府集合多方力量，统筹规划，谋求综合治理。

二　东乡县基本情况

（一）县情概况

1. 基本县情

东乡族自治县（以下简称“东乡县”）下辖 8 镇 16 乡、215 个行政村、14 个社区、1893 个合作社，总人口 31.47 万人，其中东乡族 27.67 万人，占 87.9%。全县总面积 1510 平方公里，耕地面积 36.78 万亩（人均耕地仅为 1.17 亩），其中山旱地占 87.3%。全县海拔 1735 ~ 2664 米，年均降水量 535 毫米左右，年蒸发量高达 1437 毫米，境内的自然资源比较匮乏，地形地貌比较险峻，交通不发达。

2. 脱贫背景

地理环境使东乡县经济社会发展严重滞后。一直以来，无论是1983年“三西”建设启动，还是之后的“八七”计划开展时期，乃至精准扶贫攻坚期，东乡县都是全国重点扶贫地区。脱贫难度之大，任务之艰巨，可想而知。经过几十年的稳步发展，东乡县的经济社会面貌得到了大幅提升，但是对比全国，脱贫水平依然不高，发展形势依然严峻。

（二）东乡县深度贫困的因素分析

1. 特殊的自然地理禀赋难以实现“一方水土养育一方人”

东乡县海拔1735～2664米，自然环境十分恶劣，而且耕地面积相对较少，大多数是比较典型的山地和旱地，对于农业和牧业的发展会造成很大的限制，同时自然资源极其匮乏，严重限制了当地工业的良性发展。常年干旱少雨，水资源匮乏，而且容易发生多种类型的自然灾害，严重制约了人民的生产生活。诸多的不可预见因素，给全县经济社会发展和脱贫攻坚带来许多风险和挑战。

2. 经济基础薄弱，产业发展水平低

多年来，东乡县都是以农业生产为主，工业水平低，第三产业比重不高。但同时，东乡县农业发展的基础又异常脆弱，不但耕地面积少，而且耕地质量低下，分布分散，导致推广和发展现代农业的难度巨大。工业方面，则存在资源稀缺、规模低下的问题。服务业虽占有一定比重，但服务水平和拓展范围都十分有限。多种因素叠加导致的经济发展缓慢是造成东乡县深度贫困的重要原因。

3. 社会事业发展滞后

一是社会事业发展受制于经济发展水平，城乡建设水平偏低。东乡县道路通行能力差，基础设施短板亦导致群众生产生活成本高，使得“两不愁三保障”实现难度大，致富奔小康的难度更大。二是教育底子差，教育不均衡问题突出。相当部分家庭观念落后，不重视教育，尤其女性受教育水平低。低端教育导致当地劳动者素质低下，扶贫、扶智、扶志工作压力较大。

（三）东乡县脱贫攻坚实效

党的十八大以来，东乡县紧盯“两不愁三保障”目标，围绕“六个精准”和“五个一批”要求，全力实施精准扶贫精准脱贫方略。2019 年，东乡县实现固定资产投资 13.27 亿元，一般公共预算收入 9465 万元，农村居民人均可支配收入 5906 元，城镇居民人均可支配收入 21165 元。贫困人口从 2013 年底的 10.92 万人减少到 2019 年底的 1.28 万人，贫困发生率从 2013 年底的 38.74% 下降到 2014 年底的 4.25%。其中，2019 年减贫 3.65 万人。[①] 2020 年 9 月 14 日，根据《甘肃省精准脱贫验收标准及认定程序的通知》（甘办发〔2018〕50 号）要求，东乡县脱贫攻坚领导小组组织人员和行业部门自评审定：贫困人口全部实现脱贫，而且相关指标都满足了整县摘帽退出标准！经调查，群众对此认可度超过 90%。[②]

三　社会治理视角下东乡县脱贫攻坚的主要路径

以社会治理的视角审视东乡县开展脱贫攻坚的举措，其发展路径主要有以下几个方面。

（一）加强社会治理制度建设，落实重点任务责任

在社会治理制度建设方面，东乡县进一步健全完善了全员上阵攻

---

① 数据来源于东乡县人民政府网站。

② 信息来源于东乡县人民政府网站。

坚责任体系、多头跟进统筹调度体系、重点任务推进落实体系，确保了脱贫攻坚重点任务的落实。一是坚持全员上阵，建立拓展挂牌作战体系。干部和群众全员攻坚、重点对象双重包抓，进一步建立健全相对应的责任体系，充分明确相关人员和负责人的任务和目标，并且对具体的内容进行坚定落实，对目标时限和责任人，压紧压实挂牌作战和双线包抓责任，清单式管理推进，盯死看牢任务落实。二是坚持层层调度，研判细化挂牌作战任务。根据挂牌作战总体方案，围绕“3+1+1”清零、产业就业扶贫、突出问题整改等方面，进一步细化分解主攻重点和阶段性目标任务，建立人盯人责任清单、动态化管理台账，为面上统筹、督查跟进、研判调度提供科学依据。三是坚持反复核查，常态跟进挂牌作战动态。在推进挂牌作战责任任务落实过程中，始终坚持打车轮战、歼灭战、持久战，始终坚持把核查工作贯穿始终，反复核查、反复通报、反复跟进，督促进度、传导压力、倒逼责任，健全完善“反馈问题清单—整改落实推动—‘回头看’销号清零”闭环管理和多轮循环模式，以强有力的核查整改倒逼解决脱贫中不托底、不保障的问题。四是坚持销号清零，持续扩大挂牌作战战果。盯死看牢各级核查发现反馈的问题整改，确保所有问题按时限要求高质量整改到位。五是坚持奖罚严明，倒逼挂牌作战责任上肩。加大对脱贫攻坚重点任务和干部纪律作风的常态化督查检查力度，健全完善县级核查组、县纪委监委、县委组织部、县委督查组等力量协调联动和互通互报制度，坚决兑现脱贫攻坚越往后执纪问责越严的承诺，对表现突出、工作优异者要重用，反之要进行严厉的惩处，慎终如始保持严紧硬的攻坚状态。

（二）加强预防和化解社会矛盾机制建设，助力脱贫攻坚

充分做好社会矛盾机制的优化和完善工作，对于各类问题要及时有效地预防，并在制度创新方面有效加强。通过实践的检验，使其呈

现更加良好的发展成效。一是有效确立从领导干部到基层村的各级干部的“三长”责任制。在实践的过程中不断地推行和改进相关机制，以此为脱贫攻坚工作提供必要的保障。二是确立了村民知情大会制度。这一制度遵循了以人民为中心的社会治理基本原则，进一步调动了全员脱贫的积极性，提高了农民的参与感和获得感，为具体项目、政策的落实到位提供了透明高效的体制保障，进一步化解了脱贫攻坚进程中潜在的社会矛盾。三是确立了县纪委监委的月调度机制。对脱贫攻坚进程中的各个细节开展监督检查，并随时针对出现的问题开展整改与提升。这一制度为协调解决脱贫攻坚中存在的突出问题切实发挥了“后盾”作用。

（三）加强社会心理服务体系建设，推进文明乡村建设

东乡县在脱贫攻坚进程中，重视社会心理服务体系建设，更有效地进行精神文明建设，使文明乡村建设取得更加良好的效果。在实际操作过程中，一是持续学习弘扬雷锋精神，使社会主义核心价值观落地生根。二是在基层社区不定期举办主题教育、居民知情大会和扶贫慰问活动。通过载歌载舞的文化艺术表现形式，助力脱贫攻坚。通过扶贫暖冬慰问活动，给特困家庭送去过冬物资，进一步体现了社会主义制度的优越性。三是注重民间传统手工艺的传承与发展。比如对东乡县民族文化特色之一的喇嘛川木雕的保护及产业化，不但使这一民间艺术形式得以延续发展，亦给当地产业经济发展开拓了新思路。

（四）加强社会治理体系建设，科学规划促民生

社会治理体系内涵丰富。总体而言，进一步有效进行民生工程建设，一方面依托项目升级禀赋结构，切实改善民生问题。切实完成“两不愁三保障”基本任务，做到交通顺达、生活便利，使得当地人民的生产条件和生活质量大幅提高，村容村貌发生了变化，切实提升

了减灾救灾能力，解决了一系列社会问题。另一方面各地基层的卫生院制定了一系列帮扶措施，送健康助脱贫，阻“病源”，拔“穷根”。通过健康扶贫的保障机制，完善服务设施，提升医疗保障水平，切实防止因病返贫现象发生，提升民众的幸福感和获得感。

四　推进全面社会治理，实施乡村振兴战略

近年来，东乡县作为深度贫困地区，结合地方实际，通过体制机制创新，联合多方力量，统筹规划，开展社会治理，即将实现全面脱贫。在此基础上，怎样才能利用社会治理的相关策略，确保公共利益能够得到最大化的体现，更有效地治理农村社会的各类问题，从实际出发更有效地实现脱贫攻坚，并且充分巩固脱贫成果，确保乡村战略振兴计划能够得到切实落实，是我们应该思考的紧要问题。事实上，实际发展过程中仍然存在一定的问题或者不足，社会治理和全面脱贫工作仍面临严峻的挑战。下面提出几点具体建议。

（一）规范农村企业管理制度，促产业兴旺

首先，要进一步建立健全更切实可行的现代管理制度，在决策机制方面不断完善，使其更科学合理，为决策管理规范化提供必要保障。杜绝小农经济思想，要遵循市场规律，做精深度贫困地区的村镇企业。其次，要以规范科学的财务制度规避财务风险，确保成本控制和管理实现高效化和精细化，促进企业的盈利能力切实提升。再次，现阶段深度贫困地区的农村企业大多规模小，要进一步有效地进行劳动分工的创新和完善，实现弹性工作制度，进一步培养多个工作岗位，有效落实岗位轮换制度，为企业的创新发展提供必要的保障。通过规范农村企业管理制度促进深度贫困地区产业走上良性发展路径。最后，要进一步提倡体制机制创新，加大政府在这方面的支持力度，

促进电子商务的有效发展，加大资金扶持和政策辅助的力度，使脱贫力量实现可持续性和内生化发展。

（二）推进易地搬迁工程，促生态宜居

以东乡县为代表的深度贫困地区，有不同程度的共性，在完成脱贫攻坚之后要实现乡村振兴，实现生态宜居，除了大力改善原有的生态环境之外，通过易地搬迁工程“拔穷根”，实现自然资源禀赋的跳跃式升级亦是一条经济有效的发展路径。一方面，推进易地搬迁，可以改善生产生活条件，使各类问题或者困境得到切实缓解。易地搬迁可以进一步改善迁出区的生态环境，通过引导人口逐步外迁，缓解迁出区的人口压力，更有效地改善生态系统的功能，使环境的容量进一步扩大。在接下来的生活和生产中，要发挥和利用好易地搬迁带来的规模经济效应，积极谋划搬迁区域内的产业布局、人居分布，保护好地方生态。

（三）升级乡村文化活动促乡风文明

乡村文化是乡村共同体的“精神家园”，是在农村独特的社会、历史和地理条件下形成的具有存在和传承价值的独立系统，呈现显著的民族文化特征。随着市场经济的发展，社会需求和文化利益诉求转向多元化，乡村文化正在被解构和重新整合。以此为契机，要重视升级深度贫困地区乡村文化活动以促进文明、积极的乡风重构。一是要针对乡村传统文化进行有针对性地挖掘和充分利用，在进行保护和继承的基础上，进行不断地创新和改进，使其焕发全新的生机和活力。在尊重农民主体地位的前提下，重视和发挥民间艺人的作用，提升当地村民的审美情趣。二是通过组织农村文体活动，促进核心价值引领乡村主流文化，自觉抵制个人主义、享乐主义、拜金主义的影响，诚信守法、崇尚科学。三是重视打造根植乡土文化的“新乡村教育”，

积极吸纳并内化乡土文化，以学生的人格养成为目标，倡导平民教育、生活教育的价值，推进教育与农村社区发展紧密结合。四是对于当地的好人好事或者先进的事迹进行有针对性地报道和挖掘，发挥出模范的示范带头作用。评出道德模范，使社会主义核心价值观得到更有效的传播和弘扬，从根本上构建更加良好的乡风文明氛围。

（四）不懈促进基层农村社会事业发展

2020年9月14日，根据《甘肃省精准脱贫验收标准及认定程序的通知》（甘办发〔2018〕50号）要求，东乡县脱贫攻坚领导小组组织人员和行业部门自评审定：贫困人口全部脱贫，贫困发生率降至0%，贫困村全部退出，三项指标均已达到整县摘帽退出标准。[①] 群众对此认可度达到90%以上。虽然根据县级自评，东乡县已经实现整体脱贫，但也要对当地的经济发展和社会治理水平有清晰客观的判断。考虑到东乡县作为曾经的深度贫困民族地区，其自然资源禀赋有限，区域发展短板依然不能消除等特殊性，今后的很长一段时间内，对比全国乃至甘肃其他地区，东乡县依然是欠发达地区。随着我国全面步入小康社会，我国的地区贫困标准需要进一步上调。在这种情况下，东乡的贫困程度仍属比较严重。所以，实现了脱贫，还需要进一步加大乡村振兴的力度。广大干部群众依然不能松懈，需在更大程度上提升社会经济发展潜力和实力，使经济建设水平得到更显著的提升。东乡县要加大力度，多方尝试，探索建立衔接乡村振兴发展战略的贫困地区基层管理体系。进一步优化和完善社会援助体系，确保贫困地区能够和全国同步发展，充分实现现代化，同时援助体系应有全新的内涵，在更大程度上提升自身的减灾救灾能力。尤其对社会保障中的兜底保障要实现动态化、精细化管理，最终实现高质量发展。另

① 信息来源于东乡县人民政府网站。

外，要集中财力、人力提高地方教育水平。以东乡为代表的民族地区，教育水平比较低下，缺乏应有的师资力量，高素质人才留不住。在接下来的发展中，要建立健全教育人才的引入机制；多方努力，寻求与高质量教育集团的合作办学；全面拓展思维，重视对科技创新能力、信息素质教育等方面的投入。

参考文献

王云祥:《激发内生动力，确保脱贫不返贫》,《甘肃经济日报》2020年1月3日。

马健、东乡县:《强化督促指导，保障脱贫成效》,《民族日报》2020年10月14日。

钟声宏:《社会治理的分形学研究》，南昌大学硕士学位论文，2019。

韩淑华:《社会治理视野中乡村文化的传承与再造》,《山东行政学院学报》2017年第2期。

张慧:《新型城镇化进程中农村社区治理研究》，东南大学硕士学位论文，2019。

刘威:《大数据时代社会治理智能化实现路径研究》，电子科技大学硕士学位论文，2019。

B.9 城市化进程中新市民生存状况调查报告

——以甘肃白银区为例

李志鹏　孙致孝*

摘　要： 在享受到城市便捷、优越的生活环境和公共服务的同时，融入城市的“新市民”也面临着观念意识转变、生存压力、就业危机以及住房、医疗、教育等方面问题的困扰。鉴于此，本课题通过调查研究，提出合理化的建议，为关注“新市民”群体生存和发展的社会各界提供参考。

关键词： 城市化　新市民　甘肃白银

一　白银区城市化进程中新市民生存和发展状况

（一）地方经济社会状况

1. 地方经济稳步发展

2018年白银区生产总值完成237.8亿元，同比增长7.8%，其中一产增加值4.7亿元，增长6.1%；二产增加值117.4亿元，增长9.8%；三产增加值115.7亿元，增长5.8%；工业增加值完成102.3

* 李志鹏，历史学硕士，甘肃省社会科学院丝绸之路研究所副研究员，研究方向为区域经济史；孙致孝，中共白银市委党校副教授，研究方向为政府治理。

亿元，增长 10.9%；完成固定资产投资 56.1 亿元，增长 1.2%；完成社会消费品零售总额 123.2 亿元，增长 8%；公共财政预算收入完成 7.62 亿元，下降 6.28%；累计接待游客 280 万人次，实现旅游综合收入 16.3 亿元；城镇居民人均可支配收入为 35705 元，同比增长 7.3%，农村居民人均可支配收入为 14339 元，同比增长 8.6%。

2. 社会事业积极推进

近年来白银区城乡低保、特困供养按标、按期完成。教育改革项目全面完成，新建公共卫生厕所 21 座，中进装饰建材城、甘肃邦农农产品批发市场建成投用，建成 2 个省级、1 个市级美丽乡村，打造美丽乡村亮丽名片“花村顾家善”的水川镇被列为美丽乡村重点镇。四龙镇被列为全省重点镇。城镇新增就业 2.4 万人。城镇登记失业率为 1.4%，社会保险覆盖率达到 96% 以上。全民健身活动中心、区妇幼保健站建成并投入使用，与白银市第一人民医院联合运营的白银同馨医养院开园运营。306 户 1012 人脱贫，贫困发生率降至 1.32%。通过省级党政扶贫成效考核评估和市级贫困县退出验收。

（二）新农村建设及城乡一体化

白银区新农村及城乡一体化建设工程始于 2006 年，是一项民生工程和德政工程，是区政府确保改革开放和经济转型成果惠及广大人民的重大举措，按照“两年打基础，五年成格局，十年一体化”的总体思路规划实施。经过对各乡镇实地调研，反复研究，结合实际情况，分别采取了整体搬迁、统一安置的措施。武川乡是白银区最贫困、经济条件最落后的乡镇。白银区结合武川乡的自然环境、区域位置和人民愿望，从 2006 年开始，进行新农村及城乡一体化建设。武川新村社区共建成居民住宅楼 32 栋，已搬迁 1020 户 4600 人。四期工程于 2011 年 8 月开工建设，工程竣工后可搬迁 217 户 976 人。现如今占全乡 46% 的农户已入住小区。对武川、强湾两乡镇，按照

“统一规划、设施配套、培育产业、形成规模”的原则，进行整体移民安置，即政府筹集资金，免费划拨土地，在城市范围内建立安置社区，并实施基于社区的服务管理。通过建设创业市场、培育发展园区经济，鼓励农民自主创业，确保进城农民安居乐业。累计投资3.2亿元，建成安置住宅楼57栋，入住农户2281户8200人。此外，对位于城郊的王岘镇和纺织路街道，加大“城中村”改造力度，建设失地农民安置小区，管理进社区，着力培育发展第三产业，确保居民拥有产业、有工作、有安全归属感，以实现生活与城市的充分融合。累计投资1.48亿元，建成安置住宅楼27栋，安置失地农民876户4200人。对水川、四龙两镇，在保持当前村庄整体风貌和尊重村民意见的基础上，以“配套设施现代化，生态环境绿化，基础设施城市化”为目标，实施“五个统一”和“六有”的标准，累计投资1.4亿元，集中连片，整村推进，改造农宅1876院，使7500名农民从中受益。通过几年时间不懈努力，白银区现已基本上建立城乡互补融合、协调发展和共同繁荣的新型关系。

（三）社会保障与公共服务

1. 落实就业政策，保障民生就业

白银区坚持把促进就业创业作为最大民生，统筹城乡，实施促进就业的积极政策，加大城乡劳动力输转力度，不断提高城乡居民收入。第一，落实政策扩大就业。继续落实好稳定就业和扩大就业的举措，不断充实和细化政策，扩大政策覆盖面和政策效应。围绕市场导向就业机制的建立，加强就业服务平台建设，完善失业预警机制，强化专职队伍力量，提升信息化服务水平，实现就业服务体系制度化、专业化、社会化和均等化。以大中型项目入驻中小企业创业基地和高新产业园等为契机，把促进就业与产业结构调整、经济转型、项目拉动等工作衔接起来，多渠道、多途径、多领域增加就业岗位。第二，开展技能培训促进就业。进一步实施城乡居民职业技能培训工程，着力提高以青壮年劳动力为主体的各类人员技能水平。认真选好市场需求旺盛、群众意愿强烈的培训项目，提升劳动技能，增加经济效益。第三，用好政策突出援助就业。统筹做好城乡就业困难群体就业，将城镇下岗失业人员、复退军人、伤残人员等作为就业援助重点对象，组织开展“就业援助月”、“春风行动”和“残疾人专场招聘会”等活动，切实帮助就业困难人员实现就业。将就业援助政策措施向贫困户、农村“低保户家庭”等农村就业困难对象延伸，使城乡就业困难对象都能及时得到援助。第四，推进创业带动就业。积极响应大众创业万众创新号召，将创业促就业工作作为新增就业岗位的重要途径。带动、培植新兴创业基地，为创业者提供项目开发、创业指导、创业贷款、税费减免、政策咨询等多种服务。鼓励城乡劳动者自主创业和自谋职业，积极营造“全民创业”氛围。提高贷款额度，延伸担保范围及贷款期限，建立现代新型产业孵化园区。通过电商优势，对接市场机制与发展规律，大力优化运作模式，用足用活创业政策，促进就业，激发市场活力。第五，多措并举促进高校毕业生就业。落实引导普通高校毕业生到基层企业服务。鼓励支持大学生自主创业，积极向辖区非公企业推荐就业，通过一系列措施使辖区高校毕业生就业率达到较高水平。开展劳务输转促进转移就业，引导农村富余劳动力转移就业。逐步促进农村劳动力由“体力型”劳务向“技能性”劳务转移。对异地移民搬迁至城区的劳动力，引导市民就近就地就业。

2. 加强民生保障，巩固提升脱贫成效

紧紧围绕城乡互动和城乡互补，积极构建城乡一体化管理体系，解决发展问题。制定城乡户籍制度改革方案，逐步实现区域内户籍转移，逐步建立城乡人口和资源要素自由流动的制度体系。同时，出台就业、养老、住房、土地出让等配套保障政策，实现新型农村合作医疗、养老保险、最低生活保障、义务教育和扶贫的“五个全覆盖”。减轻农村家庭负担，确保农民无后顾之忧。让“新市民”真正融入城市，享受城市安全保障，逐步实现城乡基本公共服务均等化。积极落实保就业、促民生的发展措施，认真落实各项政策，促进农民收入的持续快速增长。具体来看，2019 年白银区民生支出 21.4 亿元，占总量的 87%。省市区列“惠民实事”顺利办结。新增就业 1.53 万人。城乡低保标准提高 8%。教育质量稳步提升，优质均衡公平持续彰显。巩固省级慢病示范区成果，积极开展国家慢病示范区创建，打造创卫示范街 1 条。城乡居民医保参保率达 98%。累计建成社区日间照料中心 15 所、农村互助老人幸福院 32 个。克服财政支出压力，发放干部职工及公益性岗位绩效奖 1.6 亿元。建成新时代文明实践站点 103 个，表彰“身边好人”“劳动模范”110 余人，举办庆祝新中国成立 70 周年暨“三城同创”文艺展演活动 130 场次。马强、梁宏丽荣获“全国自强模范”“全国助残先进个人”。“双拥模范城”创建实现国家级五连冠、省级九连冠。脱贫攻坚方面，坚持“四不摘”，扎实开展“3+1”冲刺清零和脱贫攻坚大会战，全区 1082 户建档立卡户全部搬迁入住；扶贫就业一条街启动运营，年度稳定脱贫 39 户 108 人，贫困发生率由 1.12% 降至 0.92%。安排财政专项扶贫资金 5300 万元，实施扶贫项目 48 个。落实产业到户资金 800 万元，培育发展“五小”产业 102 户，规范提升专业合作社 167 家。新建农村金融综合服务室 35 家。提标村卫生室 45 个，建成集中供水工程 23 个，农村饮水安全，供水覆盖率达 100%。

3. 深入推进社会治理，提升群众安全感、获得感、幸福感

健全完善网上信访和领导接访制度，集中攻坚解决信访遗留问题 18 件。深入开展扫黑除恶专项斗争，完成中央督导反馈 55 个问题整改，侦办线索 397 条，破获黑社会犯罪团伙和组织 17 个，抓捕涉案

嫌疑人110人，查处“保护伞”4件12人。落实“四个最严”标准，食药安全水平不断提升。强化安全风险分级管控和隐患排查治理双重预防机制，完善乡镇、街道应急管理体系，安全生产形势持续好转。社会诚信体系建设“雪亮工程”加快推进，刑事案件、治安案件分别同比下降2%、34%。同时，发挥自治基础作用，一是明确区县职能部门、乡镇（街道）在村（社区）治理方面的权责清单，依法确定村（社区）工作事项。加强基层群众性自治组织规范化建设，合理规划其管辖规模和范围。二是积极推进民主法治示范村创建工作，已命名全省民主法治示范村21个，全市民主法治示范村89个。全部的村（社区）建立了村（居）委会、村（居）民代表大会、村（居）民议事会、理事会等议事协商载体。三是开展以职工代表大会为形式的企事业单位民主管理，深入开展和谐劳动关系创建活动，保障广大基层职工和群众的知情权、参与权、表达权、监督权，维护群众合法权益。

结合文明城市创建，提升群众美好家园幸福指数。广大群众和市民才是创城的主体，白银区内塑素质，外塑形象，努力营造创城社会氛围。白银区积极利用LED电子大屏幕、公交车、报纸阅读板、汽车电视、建筑工地围栏、立交桥、地下桥梁以及其他引人注目的位置，开展宣传活动，宣传核心价值；同时，在各种宣传材料上刊登公共服务广告，为创建文明城市营造了氛围，并呼吁全民参与。白银区在建设全民文明城市的同时，着力提高市民素质，抓好道德建设，通过先进模范人物引领社会潮流。白银区定期召开全国文明城市振兴大会，表彰区级文明单位、“好人”，促进先进单位和个人的发展。稳步推进和执行三年计划任务，建设道德讲堂，涵盖政府单位、社区、学校和企业等各个领域，涵盖社区居民、中小学生、企业工人、公务员、新市民和其他人群。制定《加强和规范“道德讲义”建设的实施方案》，广泛传播道德故事，深入弘扬道德实践，努力营造文明和谐的社会文化环境。白银区通过自愿服务、文明餐桌、诚实红黑名单、“文明家庭”等活动，提升群众幸福指数。同时，开展新市民培训服务，为进城落户或者城镇稳定就业的农民工免费提供城市生活、文化素质、法律知识、安全常识、健康卫生等领域基础素质教育培训服务，使有培训意愿的目标人群覆盖率达到50%以上。

二 白银区城市化进程中新市民生存和发展存在的问题

近年来，随着白银市城市化进程的逐步加快，周边进城务工人员在城市的居住时间越来越长，已经完全融入了城市环境，成为新市民。而新市民要想在本市安居乐业，长期居住和生活下去，必然会遇到一系列的现实问题。

（一）就业质量问题仍然长期存在

1. 就业选择范围狭窄

与城市老市民相比，新市民在就业机会方面处于明显的劣势。具体分析，一是职业的薪水回报率很低。新市民仅仅是获得一个从工作中赚钱的机会。即便是工资收入，一些新市民仍然无法获得保障。二是狭窄的职业选择。农民工的职业通常是城市中最艰苦、最危险、高强度和低技术的工作。例如，搬运工、建筑工人、清洁工、出租车司机等。三是高劳动强度。工作时间长，劳动强度大，因此无法享有合法的休息权。以白银区的一些制造企业为例，通过对新入岗的一线工人师傅的访谈了解到，作为新市民他们虽然有了工作岗位，但是生产任务重，几乎每个周末都要加班，每个月仅仅只能休假1～2天，并且要轮班休息。四是职业福利少。尽管一些新市民能够在城市中获得就业机会，但他们没有获得相应的休息权、就业保障和其他职业福利以及社会公共服务保障。

2. 缺乏失业保障机制

除了就业机会，新市民也不能享受与老市民相同的待遇。他们如果失业，将无法获得相同的社会保障。首先，相关的社会保障政策不能全面覆盖。从当前的就业政策来看，政府不会将无法在城市找到工作的农民工视为失业者，并且不会将其纳入城市失业率统计中。因此不会为他们提供相应的再就业岗位和待遇。其次，企业培训的机会很少。大多数新市民无法享受企业提供的职业技能培训。而老市民，不仅可以享受单位提供的正规培训，还可以享受当地社区提供的各种技能培训，新市民就没有这种待遇和权利。最后，自我提升困难。再就业机会方面，新市民不如老市民，而且由于大多数新市民的经济收入较低，他们不会花钱进行培训，这使他们的就业竞争力和适应性较低。

（二）住房困难问题未得到根本改善

当前针对新老市民的住房保障政策是不同的。一是老市民通常能享有最低生活水平保障。低于此标准的老市民政府将提供住房援助，而政府尚未制定新市民的最低住房标准，也不会主动采取行动提供必要的住房保障措施。通过对白银区武川小区、强湾小区等新市民群体的了解得知，他（她）们的家庭居住面积，大都在 60 ~ 90 平方米，不少住户从农村进城之后，最不适应的问题就是城里的住房问题，尤其个别家庭几代人蜗居在政府修建的安居房里，狭小的居住环境严重影响了新市民群体融入城市环境后的幸福感和获得感。二是住房市场化实施后，政府对市民提供专项的购房或租房补助和优惠政策，譬如，住房公积金、经济适用房政策、廉租房政策等，而新市民还没有资格完全享受到这些优惠政策保障。

（三）就医、就学等社会保障问题表现突出

在白银市白银区，目前新老市民的子女教育存在差异，主要体现在两方面。一是学校配套的师资力量和教育设备设施。相比而言，民办的农村子弟学校的师资力量和一些硬件设备，比市民子弟学校的要差，如果能解决这些问题，新老市民的子女教育机会将更为均衡。二是新市民的子女在城区上完初中后，必须要返回原籍参加高考，因为高中阶段已经不再是义务教育。据白银区武川乡武川小区住户范女士反映，在他们居住的小区里，个别孩子由于户口不在城区，在城里接受教育的开支远远超过他们孩子在老家学校上学的费用。而作为新市民，家长们要心系两头，一边要在城里忙工作，一边还要牵挂远在老家上学的孩子，这使新市民无法长期在城市安居乐业，享受与老市民同等的生活质量。

（四）新市民思想意识没有得到根本转变

新市民与城市社会之间不论在思想意识、社会认同、价值观念还是在行为方式上都存在一定的困扰、差距和问题。一方面，新市民的价值观、消费观与城市市民有很大的差距；另一方面，个别市民群体对新市民存在社会歧视。这一点可以从新市民的社会认可度来分析。尤其新市民中的青年一代，他们对城市的了解、学习和适应要比老一代人更快、更多、更好，他们从观念、行为到生活方式都已经城市化，但是他们对自己的身份和城市市民的认同、态度则更为敏感，会积极争取，希望能够享受到同等的社会认可、社会服务与社会保障，能够真正成为城市中的一份子。

三　白银区城市化进程中影响新市民生存和发展的因素

新市民群体融入城市，成为真正的市民，受主客观环境和因素的影响。客观方面，城市经济发展压力大，城市公共服务的缺失，社会关注和认可的滞后以及相关保障政策落实不到位；主观方面，内在素质的市民化和外在资格的市民化。

（一）客观因素

城市化进程是个长期而缓慢的过程，结合白银市城市化进程客观情况来看，影响新市民生存和发展的外界因素主要是：城市经济发展压力大，城市公共服务的缺失，社会关注和认可的滞后以及相关保障政策落实不到位。第一，城市经济发展压力大，截至2017年底，白银区户籍户数11万户，户籍人口29万人。其中，城镇人口24万人，农村人口4.9万人。① 近年来，随着白银市城乡一体化和城中村改造项目的快速推进，大量的农村人口以新市民的身份融入城市，白银区人口数量的增加必然会对地方财政经济造成压力。第二，城市公共服务的缺失。城市便捷的就业、医疗、教育等公共服务资源是吸引新市民群体融入城市的主要原因之一，新市民群体的融入给本已紧缺的城市公共服务资源带来了压力和冲击。城市公共服务资源分配，倾向于长期定居生活的老市民群体和城市职工群体，新融入城市的务工人员、农村人口以及外来人员则不能完全享受，因此，影响了新市民群体生存和发展。第三，社会关注和认可的滞后。新市民群体是城市化进程中人口结构的主要组成部分之一，结合本课题的问卷调查来看，当前新市民群体对于社会关注度和认可度

① 数据资料参考《白银市统计年鉴2019》。

滞后，缺乏归属感和社会融入感反映强烈，这也是影响和制约新市民群体在城市生存和发展的因素之一。第四，相关保障政策落实不到位。政府公共资源数量和公共服务能力有限，不能做到保障政策的无死角和全覆盖，因而，刚融入城市的新市民群体不可能完全享受到与老市民同等的公共服务和社会保障水平。综合来看，以上客观因素影响了新市民群体在城市中的长期生存和发展的权益。

（二）主观因素

新市民群体的市民化过程包括两个层次：内部素质的市民化和外部资格的市民化。从主观角度来看，在城市化进程中，新市民群体面临两个主要障碍。

1. 内部素质市民化不足

市民内在素质，包括市民生活意识、权利意识的发展和行为的演变。一方面，新市民由于居住环境的变化，与老城区居民在价值观、意识形态和生活方式方面存在一定差距，容易与他们产生矛盾和分歧。主要表现在遵守城市规则、保护城市公共产品、改变原有的生活习惯、提高个人的技术能力和素养，以及思想平等原则等方面，这些矛盾和分歧会造成新市民思想上的障碍。由于城市老市民享有更多的制度保障和社会福利。因此，大多数城市老市民比新市民物质生活条件更优越。在生活状态差异下，很容易滋生老市民对新市民的歧视性观念和新市民对老市民的对抗心理。改革开放以前，农村群众的思想指导主要是通过生产队和村民委员会进行的。而现在，作为新市民群体的进城农民融入城市后，原来所在的乡镇和村民委员会几乎不可能发挥到思想指导的作用。

2. 外部资格市民化障碍

外部资格的市民化，包括职业和身份的非农业化以及市民应该享受的各种福利保障。外部资格市民化的主要障碍如下。第一，户籍障碍。城乡长期存在双重社会经济结构以及对农民在城市就业的限制。如果不解决这一障碍，显然新一代进城务工人员的市民化将无法实现。第二，就业障碍。新一代农民工城市化之后，他们将不仅限于在建筑工地上谋生和从事低端工作。他（她）们迫切需要增加劳动报酬，获得更好的物质条件。但是，从客观条件来看，由于受学历、技能和生存局限性的影响，大多数新市民群体无法与城市老市民在平等的基础上竞争高端职位。第三，社会保障体系障碍。新市民在教育体系、住房保障体系和其他保障体系中处于弱势地位，不能享受市民应有的保障。因此，新一代农民工市民化的前提是必须要改变城乡一体化进程中存在的社会保障缺失和不足。

四　白银区城市化进程中新市民生存和发展的对策建议

城市现代化的基点是人的现代化，人的素质是第一位的。目前在城市人口中，新市民所占的比重越来越大，随着新市民数量的增加，其在城市经济社会发展中的影响也越来越大，因此，新市民素质的提升，对城市化进程具有决定性的意义。

（一）多措并举，推动进城人员内在素质的市民化

进城人员内在素质的市民化，涉及新市民群体的生活意识、权利意识的发展及行为的变化，可以通过以下三个途径实现。

一是加强社区管理。作为新的城市移民，无论新市民进入城市后是租房还是买房，其居住地都是在某个社区中，其属地管理系统是辖区居民委员会。所在社区对辖区居民的信息了解最为全面，其管理作用发挥也会越来越重要。随着单位制度管理的薄弱，必须要积极发挥社区的属地管理作用，加强社区制度管理，特别是在提高新市民内在

素质方面，要努力发挥其积极作用。

二是增强工会制度的影响力。新市民分布在辖区内各企事业单位中，虽然是农民工，但已成为工人。在后工业时代，工会制度的地位尤为重要。因此，建议工会组织充分发挥主观能动性，密切联系各单位的职工，充分发挥工会制度的作用，渗透企业文化，促进职工内在素质的市民化。

三是发挥舆论导向作用，建立舆论引导的长效机制。近年来，白银市做了很多的舆论宣传工作，以提高进城务工人员的内在素质。努力营造尊重、关心和理解进城务工人员和新市民群体的社会氛围。为了营造良好的社会氛围，有必要建立长效的舆论宣传机制，并与所在社区、各企事业单位建立紧密的联系，关心农民工和新市民的生活状况。通过引导，新市民的心理状态将会更加积极，拥有这种崭新的精神状态，新市民将更容易被城市所接受，甚至会对城市精神文明建设产生深远的影响。新市民内在素质提高后，将更容易被接受，从而积极融入城市环境中。

（二）创新管理，促进进城人员外在资格的市民化

第一，结合当前实际需要，创新户籍管理制度。减少移民从源头成为新市民的限制。户籍管理制度是区分市民和非市民的关键要素。而就业制度和其他社会保障制度以户籍管理制度为基础和依据，并对市民和非市民的社会保障有所不同。需要加快户籍制度改革，打破限制新市民融入城市的体制束缚。作为户籍制度改革的一部分，长期居住证制度已在各个城市实施。持长期居住证的务工者可以享受所在地的免费就业培训、社会保险等各种公共服务。

第二，针对当前发展需要，创新就业管理制度。需要加强新市民技能和就业培训，创新就业制度，为新市民提供就业培训服务，并在就业机制中公平对待他（她）们。当前，白银市各级地方政府努力实施就业援助，坚持培训与就业相结合，大力开展农村劳动力培训。发放农村劳

动力转移培训券，并完成转移前培训和在职培训。经白银市劳务部门统计，新市民群体接受岗位前和岗位中培训的人数逐年上涨，但是提供的就业岗位和就业人数却变化不大，二者间矛盾长期存在，因此需要加大对进城务工人员和新市民群体的就业培训和就业服务工作的力度。

第三，创新社会保障制度。根据白银市城市化进程情况，可以将新市民纳入城市公共服务保障范围。首先，创新教育机制，使进城农民工子女得到同等的市民待遇，教育资源的分配必须与老市民同等。目前，进城务工人员子女入学（入园）问题已基本得到解决。关键问题是师资力量和教育设施的配备方面存在明显的差距。其次，创新住房保障制度。应该将新市民纳入城市住房保障体系建设中，降低经济适用房和廉租房的申请门槛，有条件地取消户籍限制，使更多的新市民可以申请到经济适用房和廉租房。此外，努力提高养老保险、医疗服务和其他社会公共服务的保障能力，使新老市民都能享有同等的待遇。

（三）统筹兼顾，保障进城人员长期的生存和发展权益

经济收入来源是进城人员在城市能够长期生存和发展的依靠，稳定的收入来源也是其个人价值的体现和家庭幸福的物质基础保障。因此，城市发展需要统筹兼顾、保障好进城人员长期的生存和发展权益。首先，需要对无劳动能力的进城人口，优先落实好城市最低生活保障金政策；其次，要重视城中村改造中出现的各种问题，确保安置后的村民能够享有最低收入和最低生活标准的保障。尤其对于城乡一体化进程中的失地农民，对其一次性的经济补偿或其他补偿落实后，所在的社区可以按其掌握的技能和个人意愿帮助推荐工作，以及安排技能培训等，确保“有岗可上”“有工可务”，上岗后与城市员工要享有同等的待遇，杜绝按“身份”划分，出现同工、不同酬现象，让其摘掉“农民工”的帽子，形成就业有岗位、生活有依靠的保障模式。切实保障好进城人员长期的生存和发展权益。

（四）与时俱进，鼓励新市民积极参与城市建设

新市民群体是融入城市的新鲜血液和城市人口的组成部分，政府管理部门应该秉持与时俱进的理念，发挥和调动好进城人员参与城市建设的积极性。首先，做好进城人员的信息普查工作，掌握进城人员的年龄结构、文化程度、就业倾向以及发展需要，尤其对于经济收入单一的进城人员、进城残疾人家庭和长期依靠低保生活的人员，要特别关注。其次，做好职业技能培训和就业推荐工作，根据进城人员个体的需要，开展多种形式的职业技能培训，发掘进城人员的人力资源潜力，通过职业技能培训使其掌握一技之长，成为就业工人，为城市经济发展贡献力量。最后，做好进城人员的关爱和慰问工作，充分调动其积极性。社区工作者和相关部门要做好进城人员的关爱和慰问工作。可以尝试组织多种形式的社区市民文化活动，鼓励进城人员参与其中，让其体验到获得感和主人翁的自豪感。

参考文献

1. 田珍：《我国农民市民化问题研究观点综述》，《经济纵横》2006 年第 4 期。
2. 杨华云：《国务院提出将在全国逐步实行居住证制度》，《新京报》2010 年 6 月 1 日。
3. 宋红梅：《浅谈农民市民化研究的现实意义》，《中国乡镇企业会计》2008 年第 12 期。
4. 钱文荣、张忠明：《农民工在城市社会的融合度问题》，《浙江大学学报》2006 年第 7 期。
5. 许传新：《落地未生根——新生代农民工城市社会适应研究》，《南方人口》2007 年第 4 期。
6. 何香利：《从贫困户到“新市民”》，《甘肃农民报》2020 年 5 月 12 日。

B.10

“互联网+”背景下甘肃大学生返乡创业研究报告

魏 静*

摘 要： “互联网+”背景下乡村振兴战略和“大众创业万众创新”号召为大学生返乡创业创造了有利形势。调研发现，大学生返乡创业受性别、籍贯、专业、能力素质、社会资源、资金等多方面因素的影响。大学生返乡创业面临的问题主要包括项目选择难度大、融资困难、社会资源匮乏、能力素质不足等。应该从健全金融支持网络、降低创业门槛、建立创业补偿机制以及借助互联网平台创新创业路径、持续改善农村电商环境等方面优化大学生返乡创业环境。

关键词： “互联网+” 甘肃 大学生 返乡创业

我国大学毕业生人数这些年来一直呈增长的趋势，大学生就业形势严峻。从2000年到2020年，高校应届毕业生人数从94.98万迅速增至874万，短短20年时间，增加了8倍之多，仅2020年，高校应届毕业生就比2019年整整多出40万，为2008年以后高校应届毕业生增加人数的峰值。受疫情影响，

* 魏静，甘肃省社会科学院丝绸之路研究所副研究员，研究方向为社会史。

2020 年 20 ~24 岁大专及以上毕业生失业率，比上年同期高了 5.4 个百分点。[①] 据甘肃省教育厅统计，截至 2019 年 5 月底，甘肃省 2019 届高校毕业生人数为 134952 人（不含研究生培养机构），已就业 78299 人，平均就业率为 58.02%，相较 2018 年下降了 34.8 个百分点。[②] 可以看出，随着高校应届毕业生人数的增加，就业市场对学历要求的提高，加之疫情的影响，我国就业形势严峻，一季度城镇失业率上升至 6% 以上，8 月城镇失业率略有下降（为 5.6%）。从总体来看，2020 年就业压力相较上年同期明显增加。[③] 根据《2019 年中国劳动力发展报告》，我国大学生就业结构性矛盾突出，外部环境变化对大学生就业提出了更高的要求，而大学生供给调整呈现滞后的局面，表现为文科毕业生就业困难，理工科人才匮乏，东南部地区人才集聚，中西部人才短缺，大中城市人才较多，小城镇及农村人才较少等矛盾。

近年来，我国政府大力倡导“大众创业万众创新”，通过各项优惠政策推动众多的市场新生力量。万众创新就是在创业过程中通过更新观念和生产经营管理方式来提高创新效率和开辟创新路径，为稳定和扩大就业提供重要支撑。在 2019 年首届世界互联网大会上，国务院总理李克强指出，互联网为大众创业万众创新提供了全新的手段和工具。通过“一机在手”“人在线上”，就能实现“电脑 + 人脑”的融合，借助“创客”“众筹”“众包”等方式可以获取大量的信息与知识，通过互联网可以对接众多的创业投

---

① 《国家统计局：今年大学生就业压力较大　有基础保持就业稳定》，《新京报》2020 年 9 月 15 日。

② 《甘肃省 2019 届高校毕业生平均就业率为 58.02%》，每日甘肃网—兰州晨报，2019 年 6 月 17 日。

③ 《国家统计局：今年大学生就业压力较大　有基础保持就业稳定》，《新京报》2020 年 9 月 15 日。

资，互联网同时也为政府施政提供了新的平台。例如，借助电子政务系统，可以实现在线服务，推动政府与民众之间沟通，提高政务办理的智能化水平，营造和谐公正的社会氛围。在当前乡村振兴战略背景下，国家通过各种扶持政策来推动乡村的发展，为大学生返乡就业提供了更多的机会。借助互联网平台，每一位立志回乡创业的大学生都有机会获取了解世界的窗口，从而得到对接市场信息的有效路径。

一 "互联网+"背景下甘肃大学生返乡创业的有利因素

（一）政策支持

在乡村振兴战略和"大众创业万众创新"号召背景下，国家对大学生返乡创业给予了一系列的政策支持。首先，加强融资方面的政策支持，解决大学生返乡创业融资难的问题。如农业农村部联合农业发展银行探索通过扩大农村贷款抵押物范围的方式，为返乡创业大学生开发金融产品及服务。人力资源与社会保障部通过降低贷款申请门槛、税费减免、场租补贴、创业担保贷款及贴息等政策来扶持返乡大学生创业。中央财政专门设立普惠金融发展专项资金，用于创业担保贷款贴息及奖补，鼓励金融机构为返乡大学生创业提供信贷支持。其次，鼓励支持返乡大学生发展农家乐、牧家乐。通过宅基地整理，新增耕地和建设用地可优先重点用于返乡大学生创业。鼓励将"四荒地"和其他一些空闲弃地等用于返乡大学生创业。最后，开展技能培训，启动职业农民培育工程。截至2020年，中央财政已累计安排70.9亿元用于支持新型职业农民培育项目，重点培训涉农返乡创业的大学生，培训覆盖政策法规、专业技能、经营管理等内容。

（二）甘肃农村电商发展迅猛

近年来，我国农村电商发展迅猛。2018 年，农村网络零售额为 1.37 万亿元，同比增长 30.4%，其中农产品网络零售额达到 2305 亿元，同比增长 33.8%。2019 年，我国贫困县网络零售额达 2392 亿元。[①] 2020 年受疫情影响，通过电商平台，许多滞销农产品进行线上销售，产地直销、直播带货等新业态、新形式持续涌现。2020 年一季度，我国农村地区快递量超过 30 亿件，农产品进城和工业品下乡超过 2000 亿元。截至 2020 年 4 月，我国业务量超千万件的“快递服务现代农业金牌项目”已经达到 37 个。[②] 据甘肃省商务厅统计，2017 年全省实现农产品网络零售 87 亿元，带动贫困户人均增收约 260 元。2018 年，甘肃省农产品网上销售额达 110 亿元，带动全省农民人均增收逾 290 元。2019 年，甘肃省农产品网上销售额达 160 亿元，带动全省农民人均增收逾 320 元。[③] 目前，甘肃省行政村宽带网络覆盖率达到 99%，4G 无线网络覆盖率达 99%，60 个县区被列为“国家电子商务进农村综合示范县”。由上可见，甘肃省电商发展和全国一样都进入了一个快速成长期，为大学生返乡创业建立了平台。

（三）大学生返乡创业前景乐观

目前，我国大学毕业生城市就业压力较大，体制内岗位有限，城市生活压力过大，这些都为大学生返乡创业创造了更多的机会。由于

① 《2019 年全国贫困县网络零售额达 2392 亿元人民币》，央视网，2020 年 5 月 18 日。

② 《国家统计局：一季度实物商品网上零售额增加 5.9%》，央视网，2020 年 4 月 26 日。

③ 《网络扶贫“给力”脱贫攻坚　甘肃农产品网上销售 110 亿元》，新华网，2018 年 12 月 18 日。

国家政策支持，大学生返乡创业越来越有优势。广大乡村为大学生发挥自身知识才干、促进家乡发展提供了广阔空间。大学生对家乡整体情况较为了解，能够较为准确地判断家乡经济增长点和发展短板，并能找到切合实际的创业切入点，返乡创业的大学生可以很好地利用互联网平台，打破传统的商业模式，成就一番事业。

二 "互联网+"背景下甘肃省大学生返乡创业意愿调查

为了深入研究甘肃省"互联网+"背景下大学生返乡创业的现状，课题组对甘肃省兰州市三个大学的在校及应届毕业生返乡创业情况开展了问卷调查，共发放问卷100份，其中男生69人，女生31人；城市籍贯49人，县乡及农村籍贯的51人；农业畜牧专业的52人，非农畜专业的48人。结果显示，大学生返乡创业受到性别、籍贯、专业以及返乡创业认知、能力素质以及政策环境等方面的影响。

（一）受访者中男生返乡创业的热情高于女生

通过调查得出，毕业后打算返乡创业的男生占男生样本总数的39.04%，女生占女生样本总数的21.14%。可以看出，毕业后想要返乡创业的人数无论男女，比例都不高。有返乡创业意愿的男生数量明显高于女性。访谈后得知，很多有回乡创业意愿的大学生认为当前就业比较困难，一方面大中城市生活压力大，创业成本高，特别是高房价使他们对在大中城市工作并不持乐观态度，另一方面他们认为城市里体制内就业不仅岗位有限，对学历要求较高，还需要有一定人脉资源，这些对土生土长、家里经济条件又不太好的农村籍贯大学生来说是不容易达到的。而当前返乡创业受到国家的鼓励，回乡创业可能会有较好的前景。大部分不愿回乡创业的大学生认为，个人创业风险较高，需要一定的团队合作和创业资本，同时也需要足够胆识和魄力，对个人能力素质的要求也较高，而这些条件自己还较为欠缺。

（二）县乡及农村籍贯的大学生比城市籍贯的大学生更倾向于返乡创业

调查显示，县乡及农村籍贯的大学生打算返乡创业的占县乡及农村籍贯样本总数的59.32%，城市籍贯打算去乡村创业的占城市籍贯样本总数的17.33%。愿意返乡创业的县乡及农村籍贯的大学生对家乡情况较为熟悉，对返乡创业的切入点也比较明了，加之政策环境的支持和家乡熟悉的亲情人脉，使他们对返乡创业比较有信心。城市籍贯愿意到农村创业的只占城市籍贯样本总数的17.33%，这些受访者认为城市相较农村有更先进的设施和资源，也有更高的就业平台，加上长期生活在城市，对于去农村创业感到陌生和不适应。

（三）大部分受访者认为返乡创业需具备一定的能力素质

83.36%的调查对象认为“具备一定的能力素质”对返乡创业非常重要。这些能力素质包括对家乡农业发展现状的了解、对互联网知识的掌握、对农村电商发展经营的熟悉、对政策环境的了解、对经营风险的评估等，同时自身的魄力胆识、能力素质以及家乡的人脉资源等对返乡创业来说也十分重要。调查结果同时显示，被访者普遍认为“技术能力不足”“项目选择困难”“社会关系和经验缺乏”“专业化团队组建难”以及“资金匮乏”是影响大学生返乡创业的关键因素。

（四）涉农专业的学生比其他专业的学生更倾向于返乡创业

58.35%的涉农专业受访者有返乡创业的打算，而其他专业的学生中只有26.67%有返乡创业的打算。涉农专业的学生认为在当前国家鼓励支持大学生返乡创业的背景下，自己的专业更适合去农村发展种养殖业，一方面可以通过地方龙头企业经营管理一定规模的种养殖业，另一方面可以通过自己的专业知识和能力带动本地合作社发展有地方特色的种养殖业，再借助电商平台扩大市场。

（五）多数被访者认为当前政策有许多还不能落实到位

近些年来，各级政府为支持大学生返乡创业制定了很多有利政策，但实际上，这些政策落实和实施的情况各异，许多政策如融资方面还仅仅停留于摸索阶段，缺少切实可行的执行细则，可操作性不强，缺乏具体的政策服务，大学生返乡创业的社会支持体系还未成熟，真正的政策扶持和措施保障还未到位。通过调查发现，有84.53%的被访者认为，大学生返乡创业的政策支持还不到位，主要表现为，对返乡大学生培训力度不够、融资渠道窄、税收优惠力度小、创业风险补偿机制欠缺等，这些都增加了创业的难度。

（六）多数被访者认为农村电商网络基础设施对大学生返乡创业影响最大

97.45%的被访者认为农村电商网络基础设施对大学生返乡创业影响最大。以甘肃省为例，电信普遍服务试点以来，中央累计向甘肃补助资金19.19亿元，央企等社会投资达54亿元，全省行政村通宽带率从之前的51.2%上升到2018年底的99%以上。2016年以来，中国电信甘肃公司网络扶贫累计投入19亿元，在全省建设3500个4G基站以及160万个光纤宽带端口。甘肃省“三区三州”深度贫困区行政村光宽覆盖率达到99%以上，4G覆盖率达到96%以上。[①] 农村

① 《农村网络覆盖率逾99%　甘肃城乡“同网同速”》，中国新闻网，2019年8月2日。

电商网络基础设施包括信息化建设、电商平台建设、电商覆盖面、交易系统、支付系统和物流配送体系6个变量。从以上数据可以看出，甘肃省农村网络基础设施发展良好，为大学生返乡开展电商创业提供了一定的条件。

三 “互联网+”背景下甘肃大学生创业模式

（一）依托家乡旅游资源优势进行创业

甘肃省旅游资源丰富，在当前国家乡村振兴战略下，乡村旅游业大有可为。按照《“十三五”旅游业发展规划》《国务院关于促进乡村产业振兴的指导意见》等文件提出的建立全国乡村旅游重点村名录的要求，甘肃省张掖市肃南裕固族自治县康乐镇榆木庄村、敦煌市月牙泉镇杨家桥村、酒泉市肃州区泉湖镇永久村、张掖市甘州区长安镇前进村、陇南市康县岸门口镇街道村（朱家沟）等20个村入选第二批全国乡村旅游重点村。截至2020年，甘肃省旅游专业村达1053个，农家乐达1.9万余户，乡村旅游合作社301个，乡村民宿3500多家，建成省级乡村旅游示范村300个、全国乡村旅游重点村32个、田园综合体10个，推出乡村旅游精品线路60多条，全省55.46万贫困人口依靠乡村旅游实现了稳定脱贫。① 随着乡村旅游热度的上升，许多甘肃籍大学生返乡后依托家乡旅游资源，通过互联网平台，借助自家庭院和政府贴息贷款办起了农家乐、民宿等创业项目，并取得了较好的经济效益。

（二）带头发展农业合作社，带动当地农民增收致富

乡村振兴需要大量的新型职业农民，这是推进现代农业发展的重

① 《我省20个村入选第二批全国乡村旅游重点村》，《甘肃日报》2020年9月14日。

要基础。科学技术的应用推广，是现代农业发展的核心要素，这些都离不开农业合作社的发展。通过专业合作社，可以有效降低劳动强度、提高生产效率和生产效益。农业专业合作社把农民组织起来生产，可以促进增产、增收和增效目标的实现，把农民从过去一家一户的家庭经营模式中解放出来，可以说新型农业合作社是有效带领农民增收致富的重要组织，与此同时，农业合作社也需要能人的带动，否则就难以发挥作用。大学生利用信息、技术、理念等优势，返乡创业，激活县域经济，为“造血式”扶贫提供更多发展理念。一些甘肃籍大学毕业生返乡后带领家乡农业合作社，发展种养殖业。这些返乡后的大学生认为要想办好合作社，就需要补习农业知识、互联网营销知识等，把传统农业和现代农业紧密结合起来，全力发展种养殖经济产业链。他们借助国家精准扶贫政策，吸纳贫困户入股合作社并给入股农民分红。同时，通过雇用附近村民前来务工增加就业岗位，拓宽和带动村民增收。

（三）回乡发展特色种养殖业

乡村振兴需要大力发展特色产业。《甘肃省乡村振兴战略实施规划（2018～2022年)》指出，以市场为导向，立足乡村资源禀赋，抓好乡村产业扶贫。甘肃省要重点发展牛、羊、菜、果、薯、药等六大特色产业，确保每个贫困县都有主导产业和龙头企业、每个贫困村都有致富产业、每个贫困户都有稳定收入渠道。推进乡村旅游、电商、光伏发电等产业发展，逐步在乡村建设生鲜冷链物流设施，实现龙头企业对农民专业合作社全覆盖和农民专业合作社对所有农民全覆盖。① 甘肃省乡村振兴政策为大学生返乡创业提供了良好的机遇，许

① 《甘肃省乡村振兴战略实施规划（2018～2022年)》，甘肃省发展与改革委员会网站，2020年2月19日。

多甘肃籍大学生毕业后返回家乡，决定发展特色种养殖产业。他们认为国家非常重视特色农业发展，特别是绿色农产品受到市场青睐，大学生有较好的学习能力和实践能力，通过承包大棚、养殖场等，发展种养殖业，收到了较好的效果。如环县的养羊业是当地特色产业，毕业于西北农林科技大学的姬永锋，2013 年回到家乡搞养殖。2016 年，姬永锋成为本地一家龙头企业下的专业养殖场场长。2019 年，姬永锋成立环县大学生养羊产业协会，帮助更多大学生回乡创业就业。目前，环县借助大学生养羊产业协会，已经培训了近 1000 名返乡大学生。这批大学毕业生已经在养殖场、村级防疫站、农民专业合作社等各个岗位上担任重要职务，开始“反哺”家乡。

（四）返乡成立电商公司创业

近年来，我国农村电商发展迅速，2020 年一季度末，农村网民达 2.55 亿人。农业经营主体发展迅猛，2019 年，我国农村家庭农场超过 70 万家，农民合作社达到 220.1 万家。《2020 全国县域数字农业农村电子商务发展报告》显示，2019 年我国县域网络零售额达 3.1 万亿元，同比增长 23.5%，快于全国网上零售额的增长。① 可以看出，我国农村电商发展日益迅速，这为大学生返乡创业营造了良好的环境。2016 年，甘肃省合水县入选国家级电子商务综合示范县。合水籍大学生丑虎炳毕业于广东科技专修学院，得知家乡具备电子商务创业的条件后，他决定返乡创业，并选择当地特色农产品黄花菜和苹果作为创业的主要产品。2016 年丑虎炳成立电商公司，专门从网上销售当地特色农产品。丑虎炳的公司在京东、拼多多等线上电商平台上的销售额已达 390 万元，带动了当地 230 多户贫困户增收。

① 《2020 年中国农村电商行业市场发展现状分析　2019 年零售额 3.1 万亿元》，中国新闻网，2020 年 5 月 29 日。

四 “互联网 +”背景下甘肃大学生返乡创业存在的问题

大学生返乡创业面临着一定的风险，认识风险并有效规避和化解风险是创业成功的关键。在课题调查过程中，许多大学生认为返乡创业存在一定的不确定性，风险较高，而自身应对风险的能力不足，因此对返乡创业持怀疑态度。“互联网 +”背景下乡村振兴战略和“大众创业万众创新”号召虽然为大学生创业创造了有利形势，但依然存在一些阻碍和不利因素。

（一）创业项目选择难度大

我国农村自然条件和先天禀赋千差万异，具备特色资源和潜在产业的乡村并不普遍。乡村的外在发展包括产业基础、基础设施、文化教育等也不尽相同。这些对创业来讲具有一定的挑战性。甘肃作为西部欠发达省份，农村产业方式较为落后，即使是政府扶持的较有规模的县乡产业，其具有影响力的品牌农产品并不多，农产品以及农村消费市场具有一定的局限性。许多乡村自然条件较差，资源分布不均衡，基础设施还不尽完善，多数农民靠打工谋生，这种情况下依靠个人力量选择合适的创业项目必然难度增大。目前农村现有的创业项目中种植、养殖、农家乐等小规模、效益低的项目占绝大多数。现代化的生产方式、营销思路和管理模式等还未形成，创业项目选择具有很大的局限性。

（二）缺乏社会资源

创业的过程极其艰辛，需要整合利用各方面的社会资源，特别是政府的扶持。大学生毕业后刚出校园，社会关系和资源还比较单一，经济实力较弱，这就给创业增加了极大的难度。虽然国家一再强调并出台一些鼓励大学生返乡创业的政策，但企业的创建、资金的筹措以及产业链的构建等工作都需要调动各方面的社会资源，大学生在这方面会感到非常吃力。

（三）经营能力和经验缺乏

创业的过程是一个不断积累和学习的过程，积累社会资源、积累经营能力和专业技能，从而打造良好的市场口碑，赢得更广阔的发展空间和市场。刚毕业的大学生在学校里学到的知识远不能满足创业所需。经验和技能的缺乏，极大地降低了大学生对自我创业能力的评估水平。

（四）融资困难

创业是需要以资本作基础的。大学生刚出校门，几乎没有创业资金，虽然可以申请贷款，但数额较低，而且申请难度大、手续复杂。2020 年甘肃大学生要申请创业贷款必须具备以下诸多条件。必须是毕业后 6 个月以上未就业并办理了失业登记的大学专科以上毕业生。贷款申请者须具有固定住所或营业场所，有营业执照和经营许可证，有稳定的收入以及还本付息能力，申请者的创业项目还要有一定的自有资金。除以上条件限制外，申请者还需提供一系列如婚姻状况、个人或家庭收入、财产状况等证明材料。另外还需提供贷款用途中的相关协议、担保材料、银行认可的抵押品权属凭证等。以上这些条件对于刚毕业的大学生来说几乎很难具备。申请者即便贷款申请成功，贷款额也很难满足创业需求。甘肃省目前的大学生自主创业小额贷款贷款额一般为 2 万元左右，贷款期限最长不超过两年。从以上这些具体措施看，大学生返乡创业融资难度还是较大的。

（五）农村电商面临新挑战

目前我国农村电商行业竞争激烈，农产品既要打质量牌，还要打价格牌，忽视任何一个因素都有可能造成经营的损失，这对刚毕业即将创业的大学生来说，是一个很大的挑战。电商产品应注意质量品牌的塑造，做到线上线下并重，要对产品质量把关。另外，农村电商还涉及生产、包装、仓储、物流运输、售后服务等多个环节，缺少一样都给电商运营造成极大的不便。交通、物流基础设施薄弱，人才、资金等要素短缺也是农村电商面临的难题。因此，发展农村电商，应补这些短板，加大力度培育农村电商主体，弥补农村信息化短板。

五 “互联网 +”背景下甘肃大学生返乡创业对策建议

（一）健全金融支持网络，加大资金扶持力度

资金不足是大学生返乡创业面临的最大困难。国家应切实推进金融机构对返乡创业大学生的支持，并落到实处。针对大学生返乡创业金融机构应提供专项信贷支持，增加贷款额度，免除或降低贷款利息，降低贷款门槛。同时国家还应大力宣传农村金融贷款的优惠政策，鼓励扶持大学生返乡创业。拓宽大学生返乡创业融资渠道，鼓励社会资本支持大学生返乡创业。政府应制定相应的措施鼓励引导企业以及社会组织参与到大学生返乡创业活动中，通过税收减免、门槛降低等方式，接受返乡大学生到企业及社会组织中就业创业。企业或社会组织资金扶持，可以有效缓解政府和金融机构的资金压力。大学生思维活跃，知识技能更新能力强，企业通过吸纳返乡大学生就业创业，可以为企业的发展注入新鲜活力。地方政府也可以设立大学生返乡创业项目基金，为符合条件的创业申请项目给予一定的资金资助。

（二）建立大学生返乡创业补偿机制

任何创业都面临一定的市场风险，如果不能有效建立大学生返乡创业补偿机制，则很难激发大学生返乡创业的积极性。地方政府和金融机构应制定相关的创业保障措施，建立相应的返乡创业风险补偿机制。具体做法是地方政府应在地方财政预算中划出一定的专项资金，设立大学生创业风险补偿资金，同时划定创业风险的最高补偿额度，金融机构则制定最低发放比例，这样做有利于激发大学生返乡创业的热情。另外，政府应创设大学生返乡创业园，政府和相关企业对园区内项目进行投资，设立“众创空间”，打造较为完整的产业链条，这样能够促进返乡大学生的创业项目在较短的周期内实现较高的收益，并能有效降低大学生创业风险系数。

（三）高校应加强大学生返乡创业引导培训

目前，我国对在校大学生返乡创业的引导培训还较为薄弱，许多准备返乡创业的大学生在校期间并没有接受过较为全面的返乡创业培训和指导，这对即将准备创业的大学生来讲极为不利。在当前乡村振兴战略和“大众创业万众创新”号召下，借助互联网平台，有越来越多的大学生有返乡创业的意愿，因此高校应加强对大学生的返乡创业教育，并邀请专家、成功创业者从政策、实践等不同层面给予有针对性的指导和培训。另外，高校应使用好学生创业公益基金，不断完善基金管理办法，加大基金支持力度，对评选筛查出的可行性创业项目给予一定资助。学校应成立学生创业社团组织，聘请专家及创业指导员，对学生创业项目进行筛选评审、项目跟踪指导以及资源对接等。

（四）借助“互联网+”模式创新创业路径

一是利用微商创业。大学生返乡创办实体企业的难度较大，一方面受资金短缺、贷款难度大的限制，另一方面受自身技能素质和社会资源的限制，另外投资种养殖业周期长、收益慢，同质化倾向也较高。返乡大学生可以利用互联网，以及微信、抖音等社交平台对当地特色农产品进行网上销售，这种创业模式成本低，可以快速有效对接市场需求。大学生通过农产品微商营销模式，可以充分发挥自身的创意营销理念，为本地农产品打造品牌；利用自身的营销理念和品牌意识，实现产品的溢价增值。

二是利用网络直播营销模式创业。近年来，网络直播营销模式普遍起来，其可以借助网络现场展示产品的特色和优势，克服传统网络购物形式单一的缺点，为电商营销提供了新的选择。消费者通过直播平台可以更好地了解产品的特点和性能，而营销者可通过直播平台提高产品销售能力。大学生通过网络直播，逐步积累粉丝，从而打开产品销路。

三是利用互联网绿色养殖模式创业。互联网绿色养殖可以有效对接线上和线下经营运作，实现互联网与传统养殖相结合。经营者通过消费者网上认养生态绿色农畜产品等方式，实现养殖基地养殖户和网上消费者结合，从而达到增收的目的。农村具备天然的种养殖优势，加之消费者消费品质的提升，互联网绿色养殖模式未来发展潜力巨大，是大学生返乡创业的可行选择。这种创业模式成本低，由用户线上出资认购绿色生态产品，资金回收快，销售市场前景乐观。

（五）进一步完善农村电商经营环境

发展农村电商，为大学生返乡创业营造良好环境，首先要提高农业产业化和标准化程度。当前，我国农村电商市场竞争激烈，只有严把产品质量关，才能获得经营的持续发展。通过提高农业产业化和农产品标准化程度，进一步完善农产品生产体系，提高农产品标准化水平。政府应加大监测力度，对农产品生产、销售等整个过程进行实时监督，确保农产品质量过关，加大农产品深加工的力度，提高农产品附加值。引导农村经营主体立足本地特色资源，精准面对市场，解决发展什么产业的问题。与此同时，推广农产品标准化生产，提高科技含量，解决提升产品质量的问题。还要发展农产品深加工，延伸产业链，打造特色品牌，解决市场销售的问题。将农村电商与农业全产业链融合起来，才能有效做到产品提质增效，为电商发展营造良好环境。其次加快农村电商基础设施建设，加大对农村电商发展的扶持力度，提高农村交通的便捷度，扩大农村网络覆盖率。再次是加强农村电商人才培养。培养专业电商人才，聘请专业的电商培训人才，对返乡大学生和其他愿意从事电商工作的人员进行培训，提升其应用电子商务的能力。对返乡创业的大学生，给予相应的政策扶持，推动农村电商的发展。最后完善农村物流体系，加大资金投入，建立农产品物流配送中心。积极引入第三方物流，加强与顺丰、圆通等快递企业的合作，提高物流的专业化程度，降低成本。鼓励电商企业发展自成一体的物流体系。

参考文献

杨日星、马晓霞：《基于电商平台的返乡大学生农业创业路径研究——以广西生鲜农产品产地供应链电商创业为例》，《科技创业月报》2020 年第 10 期。

涂淑芬：《乡村振兴视域下大学生返乡创业困境与政策建议》，《现代农业研究》2019 年第 9 期。

余喜文：《新时代农村大学生返乡创业的素质要求与政策支持研究》，《农业经济》2019 年第 7 期。

B.11
大数据视域下甘肃生态文明建设困境与实践路径研究

袁凤香*

摘　要：　大数据技术的应用和发展，为人类现代社会生产及生活带来了全新的思维方式和生活理念，为解决生态环境危机提供了新的契机和多维支撑，也为新时代生态文明建设提供了新的科技支撑。本报告从研究背景、建设现状、建设成就、面临的困境与挑战几个方面，应用翔实数据进行分析，并根据存在问题，提出解决问题的建设路径。

关键词：　大数据　生态文明　困境与路径

人类文明的发展总是伴随着科技的进步，而科技的进步又进一步促进了人类文明的发展。全球性的环境危机向我们提出了生态文明建设的要求，信息技术的发展让我们走向了大数据时代，作为人类价值选择的生态文明和科技发展的大数据技术在飞速发展的时代中产生了千丝万缕的联系。① 大数据技术的应用和发展，为人类现代社会生产

---

* 袁凤香，甘肃省社会科学院社会学研究所副研究员，研究方向为科技和生态文明建设。

① 文贤庆：《大数据技术及其在生态文明建设中的应用》，《南京林业大学学报》（人文社会科学版）2015 年第 1 期。

及生活带来了全新的思维方式和生活理念，为解决生态环境危机提供了新的契机和多维支撑，为新时代生态文明建设提供了新的科技支撑，二者的完美融合将成为时代发展的必然趋势。

一 大数据视域下甘肃生态文明建设的研究背景

大数据是以容量大、类型多、存取速度快、应用价值高为主要特征的数据集合，正快速发展为对数量巨大、来源分散、格式多样的数据进行采集、存储和关联分析，从中发现新知识、创造新价值、提升新能力的新一代信息技术和服务业态。① 大数据时代，生态文明是一种基于信息数据的文明形态。即人们利用云计算、物联网等现代信息处理技术，将海量的生态环境信息数据通过分析、整合、筛选，得出全面、客观、准确的数字结论，从而为生态治理和生态决策提供翔实精准的科学依据，来推动生态环境治理体系和治理能力现代化建设，提升生态治理和管理能力，促进生态文明建设。

近年来，随着人工智能、云计算、物联网、5G 等现代信息技术的快速发展，全球数据呈爆炸式增长，给经济社会发展和人民生产生活及思维方式带来了巨大而深远的影响。面对日新月异的大数据发展态势，我们应审时度势、精心谋划、超前布局、主动应对。顺应时代潮流，把握发展先机，充分发挥大数据的生态内容，对保护生态环境，提升经济社会发展质量，推进生态文明建设，为人类社会发展创造福祉，具有重要的战略意义。

改革开放以来，我国经济高速发展，取得了辉煌成就，但以往粗放的经济发展方式，造成的环境污染、生态破坏、土地退化、森林锐减、生物多样性丧失、水资源枯竭以及气候变化等生态环境问题，已

① 《促进大数据发展行动纲要》（国发〔2015〕50 号），2015 年 8 月 31 日。

成为制约我国经济社会可持续发展的瓶颈。加强生态文明建设，转变经济发展方式，走可持续发展道路，创造优美的生态环境就成了时代的要求、人民的企盼。将大数据技术应用于生态文明建设，为解决当前复杂多样的生态问题提供了新的途径和创新思路，为保护生态环境、提升生态环境治理能力打开了一条新的技术赋能之路。

党中央、国务院高度重视大数据在推进生态文明建设中的地位和作用。习近平总书记明确指出，要推进全国生态环境监测数据联网共享，开展生态环境大数据分析。李克强总理强调，要在环保等重点领域引入大数据监管，主动查究违法违规行为。① 国务院在《促进大数据发展行动纲要》② 中提出，要构建"互联网+"绿色生态，实现生态环境数据互联互通和开放共享。原环境保护部在《生态环境大数据建设总体方案》中要求，要加强生态环境大数据综合应用和集成分析，为生态环境保护科学决策提供有力支撑。为此，我们在推进生态文明建设中，发展理念应由注重增长的数量和速度向注重增长的质量和效益转变，充分运用时代背景下的物联网、大数据、人工智能等现代数据信息新技术，将其作为生态文明建设的有力工具和重要手段，为新时代生态文明建设提供数据化的生态环境综合决策思维，实现"用数据决策"，以提高生态环境综合治理科学化能力，为生态环境治理提供精准化监管，实现"用数据管理"，以提高生态环境监管的准确性和有效性；为生态环境提供公共服务便民化，实现"用数据服务"，以提高公共服务共建能力和共享水平。积极变革生态环境监管模式，提升生态治理能力现代化水平，形成万物互联、人机交互、天地一体，全方位、多层次、立体化、全覆盖的生态环境监管网络，推进生态文明建设，是顺应社会发展的历史选择。

---

① 《生态环境大数据建设总体方案》（环办厅〔2016〕23 号），2016 年 3 月 7 日。

② 《促进大数据发展行动纲要》（国发〔2015〕50），2015 年 8 月 31 日。

当前，我国正处于科技和产业大创新、大融合、大发展时代，大数据赋能产业升级，催生新业态、新模式的动能持续释放。“用数据决策”“用数据管理”“用数据服务”的新业态、新模式如雨后春笋，正应用于各行各业。

甘肃作为我国西北及国家重要的生态安全屏障区之一，生态地位特殊而重要，其生态文明建设直接关系着全国的生态安全与生态平衡。① 但由于甘肃生态环境脆弱而敏感，长期以来形成的水资源短缺、环境污染、资源浪费、水土流失、土地荒漠化等生态环境问题，已成为制约甘肃经济社会发展的瓶颈。面对保护环境与发展经济的困境与挑战，在“保护生态环境就是保护生产力，改善生态环境就是发展生产力”② 理念指引下，大力推进大数据与生态文明建设的深度融合，对于促进甘肃产业结构调整和发展方式转变，缓解资源环境约束压力，提升甘肃生态文明建设能力，建设幸福美好新甘肃具有重要的现实意义。

二 大数据视域下甘肃生态文明建设现状

生态文明建设是关系人民健康福祉、关系民族可持续发展的长远大计。近年来，甘肃省立足省情，认真汲取甘肃省祁连山生态环境问题深刻教训，牢固树立“绿水青山就是金山银山”理念，紧紧围绕国家生态文明建设战略部署和要求，以习近平总书记视察甘肃时提出的“着力加强生态环境保护，提高生态文明水平，筑牢西部生态安全屏障”为根本遵循和发展方向，以“建设经济发展、山川秀美、

① 杨欣：《我国西部地区生态文明建设中的问题与对策》，《产业与科技论坛》2013 年第 5 期。

② 习近平：《努力走向社会主义生态文明新时代》，《习近平谈治国理政》，外文出版社，2014。

民族团结、社会和谐的幸福美好新甘肃”为总体目标，以建设国家生态安全屏障综合试验区为平台，以祁连山生态环境整治为契机，努力创新实践路径和方法，扎实推进美丽甘肃建设，全省生态环境质量明显好转，取得了阶段性成效。2019 年，张掖市获得第三批国家生态文明建设示范市称号；古浪县八步沙林场获得国家第三批“绿水青山就是金山银山”实践创新基地称号，成为甘肃省首个“两山”基地。

（一）大数据助力，甘肃生态文明建设顶层设计基本完成

1. 国家层面的顶层设计

2015 年 7 月，国务院颁布了《关于积极推进“互联网 +”行动的指导意见》①，提出了“‘互联网’ + 绿色生态”的行动要求，强调要推动互联网与生态文明建设的深度融合，建设和完善污染物监测及信息发布系统，形成覆盖主要生态要素的资源环境承载能力动态监测网络，实现生态环境数据互联互通和开放共享；2015 年 7 月，国务院印发的《生态环境监测网络建设方案》② 提出，生态环境监测是生态环境保护的基础，是生态文明建设的重要支撑，到 2020 年，初步建成陆海统筹、天地一体、上下协同、信息共享的生态环境监测网络，使生态环境监测能力与生态文明建设的要求相适应；2015 年 8 月，国务院发布的《促进大数据发展行动纲要》指出，数据已成为国家基础性战略资源，这标志着大数据已上升为国家战略，为我国大数据的发展进行了顶层设计和统筹部署。

2. 甘肃层面的顶层设计

甘肃省按照国家有关要求，积极推动大数据技术在生态文明建设

---

① 《关于积极推进“互联网 +”行动的指导意见》（国发〔2015〕40 号），2015 年 7 月 4 日。

② 《生态环境监测网络建设方案》（国办发〔2015〕56 号），2015 年 7 月 26 日。

方面的应用。2017年2月，省政府办公厅出台了《甘肃省生态环境监测网络建设实施方案》（甘政办发〔2017〕35号），提出到2020年，基本建成以卫星遥感、地面生态定位监测为主，无人机和现场监测为辅的生态预警监测网络；建成省级生态状况遥感监测实验室；建成全省统一的环境质量监测网络（空气环境、水环境、土壤环境、声环境、辐射环境）；建成省级生态环境监测大数据平台及覆盖全省重点排污单位的污染源监测网络。基本实现环境质量、重点污染源、生态环境状况监测全覆盖，提升生态环境监测数据资源利用水平。如实现全省国家级重要水功能区监测覆盖率100%、省级水功能区监测覆盖率80%以上、全省规模以上入河排污口监测覆盖率50%以上；实现生态环境监测数据资源共享，提升环境监测预报预警、环境保护参与经济发展与宏观调控的能力，与生态文明建设的要求相适应；2019年11月，省政府办制定《新时代甘肃融入“一带一路”建设打造生态制高点实施方案》（甘政办发〔2019〕106号），提出要建立黄河甘肃段流域生态环境数据库，为实施黄河流域大保护与大治理打牢基础。

（二）大数据助力，甘肃生态文明建设的基础设施不断完善

1. 互联网发展水平不断提升，为大数据助力生态文明建设奠定了基础

如表1所示，近年来，甘肃社会各领域互联网应用能力不断提升，2016～2018年，互联网域名数从11.1万个增长到25.4万个，网站数从1.1万个增长到1.4万个，网页数从10360.7万个增长到12908.6万个，IPv4地址数从144.3万个增长到159.3万个，互联网宽带接入端口从946.0万个增长到1128.0万个，移动互联网用户从1804.9万个增长到2210.6万个。

表1 2016～2018年甘肃省互联网应用能力指标比较

单位：万个

年份	域名数	网站数	网页数	IPv4 地址数	互联网宽带接入端口	移动互联网用户
2016	11.1	1.1	10360.7	144.3	946.0	1804.9
2017	11.7	1.3	11312.2	159.2	1099.9	2034.1
2018	25.4	1.4	12908.6	159.3	1128.0	2210.6

资料来源：《中国统计年鉴》（2016～2019）。

2. 信息数据产业基础设施建设具备一定规模

近年来，甘肃省数据信息产业基础设施建设围绕“宽带中国”战略，以打造丝绸之路经济带沿线国家和地区便捷型信息网络传输体系、以抢占“一带一路”建设信息制高点、以服务甘肃，加快“数字甘肃”建设为目标，全面保持、推进与中国电信、中国移动、中国联通等大型国企的技术合作，加快推进“宽带乡村”工程建设，加快建设高速、移动、安全、泛在的新一代信息基础设施，不断完善新一代移动通信网、宽带光纤、数字电视网、5G规模组网等先进信息基础设施建设，为大数据助力甘肃生态文明建设奠定了一定的基础。

（三）大数据视域下甘肃生态文明建设成效

习近平指出，生态环境监测是生态环境保护的基础，是生态文明建设的重要支撑。如果没有科学准确的监测数据作支撑，生态环境保护就会成为无源之水、无本之木。近年来，甘肃按照“保护环境就是保护生产力，改善环境就是发展生力”要求，积极构建生态环境监测体系，为推动全省生态环境保护工作提质增效、推进生态环境治理体系和治理能力现代化提供了有力支撑。

1. 生态环境监测体系逐步完善

近年来，甘肃充分抓住“互联网+生态”建设契机，全力推动全省生态环境监测网络建设，积极构建全省生态环境监测“一张网”“一盘棋”“一体系”“一条龙”的现代化监测网络体系。目前已基本建成了全省环境（空气、水、土壤、噪声、辐射）监测网、污染源监测网及预报预警监测网。生态状况监测网及应急监测网正在加快建设。投资1.7亿元的生态环境大数据平台建设已进入实质性阶段。“云上甘肃生态环境”平台建设正在逐步实施，届时，甘肃将建成“9网1质控1平台”的生态环境监测网络体系及甘肃省生态环境监测大数据管理平台，将为推进甘肃生态环境治理体系和治理能力现代化提供有力支撑，为打造“一带一路”生态制高点奠定良好的生态环境基础，发挥好良好生态环境在推动经济高质量发展中的积极作用，实现甘肃经济社会发展与生态环境保护“双赢”。

2. 生态环境保护治理成效明显

通过对大气、水、土壤等生态环境关键性指标开展全天候监测，实现生态环境质量、污染源、农村饮用水源、地下水、耕地等生态环境监测数据的有效集成，为打好污染防治攻坚战提供翔实、精准的数据支撑。据《2019年甘肃省生态环境状况公报》，2019年，甘肃空气质量和地表水环境质量均达到“十三五”以来最好状态。一是甘肃的天愈蓝。通过实施四大工程，[①] 2019年，甘肃空气综合质量指数达到3.59，14个市州政府所在地空气质量优良天数平均比率达到93.1%，PM2.5浓度均值达到26微克/立方米，PM10浓度均值达到58微克/立方米。[②] 2020年前1~8月全省14个城市空气综合质量指

① 四大工程：紧盯“四个重点”（重点区域、重点行业、重点时段、重点因子），优化调整“四大结构”（产业结构、能源结构、交通运输结构、用地结构），重点治理“四类污染源”（燃煤、扬尘、机动车、工业企业）。

② 2019年甘肃省生态环境状况公报。

数为3.17，全省14个城市空气质量优良天数平均比率为92.55%，全省14个城市PM2.5月均浓度值为24微克/立方米。[①] 二是甘肃的水愈清。2019年，甘肃全省“38个地表水国考断面中36个水质达到优良，优良比例为94.7%，高于全国平均水平约23个百分点，无劣V类断面水体”。[②] 三是甘肃的地愈净。2019年，甘肃农用地土壤详查全面完成，确定了101个疑似污染地块和23个污染地块，34个试点修复项目已经达到年度工作目标，支持37个重点县（市、区）开展受污染耕地的治理修复工作，全省确定了170家土壤污染重点监管企业，农用地和建设用地土壤环境风险得到进一步管控。[③]

3. 环境监管能力不断提升

充分运用“互联网+监管”信息化平台，采取污染源自动监控、移动执法系统、无人机巡查航拍等多种方式持续对辖区重点污染源企业、城镇污水处理厂（站）、垃圾处理填埋场、饮用水源地等重点区域、重点部位、重要环节开展监督执法和服务指导。2019年，甘肃实施行政处罚案件1417件、处罚金额1.4亿元。强化污染源管理，核发2021张排污许可证，督促687家重点排污单位安装自动监控设施2327套，对5家企业实施省级挂牌督办。

4. 构建“天眼”，守护绿水青山

祁连山是我国西部重要的生态安全屏障，保护好祁连山的生态环境，对保护国家生态安全、推动甘肃和河西走廊可持续发展的战略意义重大。近年来，“祁连山生态保护由乱到治，大见成效”离不开大数据技术的应用。张掖市位于甘肃省河西走廊中段，拥有祁连山和黑河湿地两个国家级自然保护区，生态地位尤为重要。自2017年

① 2020年1~5月甘肃省生态环境厅每月向媒体发布14个城市环境空气质量排名情况通报。

② 2019年甘肃省生态环境状况公报。

③ 2019年甘肃省生态环境状况公报。

以来，张掖市抓住契机，围绕祁连山生态破坏问题整改，坚持补短板、打基础，强科技支撑，着眼全域生态环境问题的修复与保护，通过卫星遥感、航空遥感和地面监测等多种手段，已建成“天地一体、上下协同、信息共享、覆盖全域”的生态环境监测网络——“一库八网三平台”①，初步形成了“天上看、空中探、地面查”的立体化生态环境监管格局。基本实现了对域内自然保护区的常态监管、生态环境监测数据集成、重点企业监控数据在线传输、环境监管执法智慧化、生态环境质量监测数据预报预警及生态环境监测数据共享，为张掖市生态环境决策科学化、环境管理精细化、污染治理精准化实现了数字信息化资源的有效整合，有力提升了当地生态文明建设水平。

二 大数据视域下甘肃生态文明建设面临的困境与挑战

大数据视域下甘肃生态文明建设取得了阶段性成效，但甘肃生态环境大数据建设处于初始阶段，现有的理念、技术、机制等因素在一定程度上制约了甘肃生态文明数据库的建设与发展，主要体现在以下几方面。

（一）大数据支撑生态文明建设的共享基础和体制机制障碍

生态文明建设涉及众多部门，信息资源纵横分割，条块管理如图1所示，这样在同一时空的对象所属的各类数据和信息之间天然的关

① “一库”即生态环境数据平台；“八网”即实现对空气、水质、土壤污染、城区声环境、机动车尾气、辐射、排污、城市重点区域和人类活动密集区的一体化监测网络；“三平台”即构建祁连山与黑河湿地生态环境本底评估和动态监测平台、山水林田湖生态修复项目监控平台、智慧环保平台。

联性、耦合性就被无形割裂和遗忘，生态信息数据不能共享，形成了生态数据碎片化、生态信息孤岛化和生态系统分散化现象。究其原因：一是数据标准格式和技术路线不统一导致严重的数据割据，形成了“数据孤岛”；二是部门间缺少数据共享和交换的制度安排，信息共享的长效机制尚未形成，缺少长期共享、合作机制；三是受“官本位”思想影响，权力部门化、利益化现象突出，各方多顾及部门利益、地方利益和信息安全，导致信息割据，造成“数据孤岛”，不能做到互通有无和资源共享。

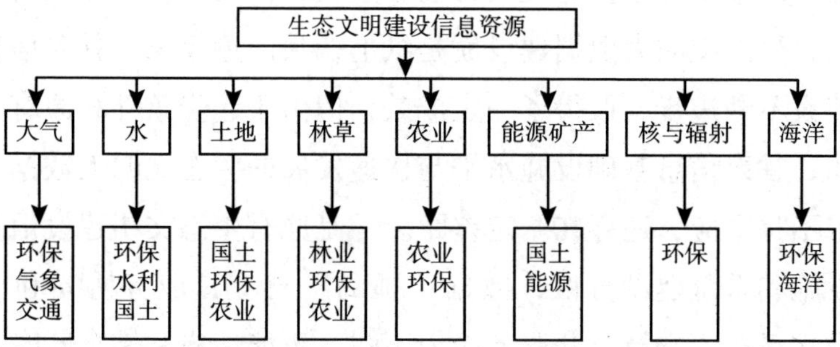

图 1　生态文明建设信息资源及其主要管理部门

（二）大数据支撑生态文明建设的技术和人才障碍

大数据技术在生态文明建设中的应用需要大量的人才和相关技术的支撑。近年来，随着生态文明数据资源的聚集和大数据技术在生态文明建设领域的应用，对数据处理技术和人才的需求也越来越高。目前甘肃生态文明建设面临着技术和人才不足的困境。一是技术能力不足。由于甘肃的数据处理技术基础比较薄弱，无论是计算平台、计算架构，还是大数据的处理、分析等都未能达到大数据应用要求。生态文明建设的信息公开和共享还处在电子政务阶段，生态环境数据的搜集、统计、发布等环节不够完善，生态环境数据信息的供给不能满足广大用户的需求。二是人才匮乏。生态文明建设领域涉及面广，数据量大，数据的搜集、整理、分析和利用都需要具有专业知识的技术人才，但由于甘肃省区位条件差、经济发展缓慢、专业技术人才待遇不高等问题，吸引和留住人才难度很大，造成急需的高技术人才匮乏。人才和技术支撑不足，是影响甘肃生态文明大数据建设的最直接障碍。

（三）信息基础设施建设有待进一步加强

信息网络基础是生态文明大数据建设的前提，没有强大的信息网络基础，生态文明大数据建设就是纸上谈兵。近年来，甘肃信息基础设施建设不断进步，取得了一定成效，但由于起步条件和原有基础比较薄弱，甘肃信息基础设施水平与快速发展的生态文明大数据产业建设需求不相适应，还存在一定差距。一是原有生态文明建设信息资源基础设施和系统建设分散，数据“孤岛”林立；业务协同和信息资源开发水平低、支持公共服务能力不强，不能适应和满足新时期甘肃生态环境保护需求。二是新型基础设施建设缓慢。信息基础硬件、基础软件、安全设备等新型大数据基础设施建设速度缓慢，与爆炸式增长的信息需求不相适应。

（四）生态数据的创新性应用不足

有人把大数据比作石油，大数据是资源，而且是一种宝贵的资源，它的巨大价值在于实践应用。目前，甘肃生态环境大数据的创新应用还很有限，生态环境大数据在大气、土壤、水污染、农业污染、交通、林业、社会、经济等各部门的应用刚起步，跨领域的应用更是寥寥无几。政府运用生态环境大数据的能力有限，现代科技手段未能得到充分运用，在生态环境监管中既不能说清生态环境现状，又不能对生态变化趋势作出科学判断。

三 大数据视域下甘肃生态文明建设路径选择

生态文明建设是加快经济发展方式转变、实现高质量发展的必然要求。面对甘肃生态文明建设现状，要立足甘肃基本省情和发展新的阶段性特征，以建设美丽甘肃为目标，以解决生态环境领域突出问题为导向，用生态环境大数据技术来准确研判当前的生态环境发展形势，科学预测未来生态环境的变化趋势，准确评价治污效果，解决目前紧迫的环境问题，创建“标准、融合、开放、共享”的生态环境保护大数据平台，确保“创新、协调、绿色、开放、共享”五大发展理念在甘肃的贯彻落实。

（一）强化制度保障，促进共建共享

制度是事业顺利实施的根本保障。一是规划先行。规划是行动的先导，做好顶层设计，事关相关事宜的整体布局和发展目标有序进进。顶层设计要做到“顶天立地”，“顶天”是指设计要从战略高度和全局出发，既具有国际视野，又要符合国家要求及习近平总书记系列重要讲话精神，且思路清晰，方向明确；“立地”是指设计要立足甘肃基本省情和新发展阶段的主要特征，既能反映甘肃生态环境的发展变化趋势，又能将政策导向和创新理念落地，使工作有抓手，落实有特色。按照短、中、长期目标，循序渐进，形成健康、持续发展的内生动力。二是健全发布制度。按照环境信息公开办法，在不影响国家安全、商业秘密、个人隐私前提下，依托环保部门政府网站数据开放平台统一发布，推动公共环境信息开放共享，提高信息的权威性和公信力，保障公众知情权。三是完善共享机制。实现多源异构生态文明大数据建设，必须打破信息壁垒。按照统一的数据模型、数据标准和技术路线，建设常态化的数据汇聚和共享应用管理体系，制定生态

环境数据资源共享制度，破除部门之间的“数据围墙”，形成国家、省、市、县四级逐级贯通的、统一的数据传输网络，使各级各类生态环境监测数据有效集成，逐步实现跨行业、跨地域、跨部门的信息联动与资源共享。

（二）强化人才和技术支撑

技术是大数据价值体现的手段和前进的基石，人才是大数据价值体现的核心。大数据从采集、处理、存储到分析应用，必须应用云计算、分布式处理、存储和感知等现代高科技技术。因此，建设一支高素质的高科技人才队伍是生态文明大数据建设的保障。一是高薪引进急需紧缺人才。按照甘肃人才引进的相关政策，引进一批推进生态文明大数据建设的高技术人才。以“一带一路”生态制高点建设为契机，不拘一格招揽人才，以能力为衡量标准，不按学历、资历和论文，体现专业性、实用性和创新性，从编制、职称、岗位、薪酬、住房、落户、子女入学等方面给予特殊照顾，以此吸引人才来甘肃创业。二是用好现有人才。要从政策、资金、技术、发展平台等层面，为那些“想干事、能干事、干成事、不出事”的现有人才提供更多施展才华的发展机会，让“英雄有用武之地”。三是培育后备人才。依托丝绸之路信息港建设，积极发挥兰州大学等省内高校的人才及学科优势，着力实施紧缺人才培养战略。通过共建产学研基地、委托定向以及在职培训等方式，实现联合培养，推动人才培养链与产业链、创新链有机衔接，形成甘肃生态环境监测技术人才战略储备体系，为打造一支业务技术高、精、专环境监测技术人才队伍奠定良好的基础。

（三）稳固强基，完善基础设施

数字化基础设施建设，是以大数据、人工智能为核心的新型基础设施建设，它是促进生态文明数字化建设的重要支撑。甘肃要以

“新基建”为契机，牢牢抓住国家政策导向和投资方向，量力而行，尽力而为，优化布局，重点突破。统筹存量与增量、传统与新型基础设施协同发展，在“拓展存量”的基础上，努力“创造增量”。加快布局云平台、大数据、人工智能、5G 基站等新型现代信息基础设施，努力打造“一带一路”信息制高点，构建新型现代信息服务基础设施体系，为“数字甘肃”建设、培育经济高质量发展新动能提供坚实的基础支撑。

（四）创新应用，提升价值

应用是生态环境大数据的最终价值体现。在信息化时代，怎样利用大数据技术助力生态文明建设，为人类社会提供精准快捷服务，是我们努力的目标和方向。一是提升决策力。“合理的生态文明建设必然离不开科学的决策，决策的科学化不能离开信息的有效来源与对信息的合理分析”。① 要充分利用大数据的整合、分析功能，寻找出不同生态区域在不同时段的生态环境变化规律，从中找出最佳解决方案，为地方政府生态文明建设决策提供科学依据，提高生态环境管理决策的水平和能力。二是提升监测力。要充分发挥大数据全区域、多时序、多层次的监测功能，优化监测布局，在大气、水、土壤、森林、草原、湿地等生态要素方面，设立生态大数据监测网络，构建全省生态环境的立体监控系统，提升监测能力。三是提升预警应急力。预警是管理的最高水平。要充分发挥大数据在生态环境监测方面的预警应急作用，通过全天候、多层次的智能多源感知体系建设，对生态环境现状及污染源、风险源进行全程化与远程化监管，提升重点风险防范水平和应急处理能力。

① 罗金玲：《基于移动终端的智慧校园一站式服务平台的研究与实现》，《电脑知识与技术》2017 年第 28 期。

结 语

生态文明建设是一项长久复杂的系统工程，大数据技术的应用，对推动生态文明建设，打破“部门割据”，消除“信息孤岛”起着重要的支撑作用。要充分发挥大数据在生态文明建设上的积极作用，为加快甘肃生态文明建设进程，提供一条崭新的途径。

参考资料

倪睿思：《大数据在我国生态文明建设中的应用研究》，中原工学院硕士学位论文，2019。

朱兴：《探究大数据技术在生态文明建设中的应用》，《行业发展》2016 年第 8 期。

邬晓燕：《基于大数据的政府环境决策能力建设》，《行政管理改革》2017 年第 9 期。

徐彬：《浅析大数据背景下的生态文明建设理论研究》，《信息技术》2017 年第 6 期。

赵肖瑞：《基于大数据和云计算视角的生态文明建设审计研究》，《营销界》2019 年第 8 期。

疫情防控篇

NCP Prevention and Control

B.12 重大突发公共卫生事件下的基层治理经验

——基于兰州市A区应对新冠肺炎疫情的调查报告

刘徽翰*

摘　要：基层治理是国家治理的基础，而应急治理则是国家治理的重要组成部分。新冠肺炎疫情对基层政府应对重大突发公共卫生事件和应急治理提出严峻挑战。通过考察一个地级市辖区的疫情防控工作实践，特别是详细梳理该区疫情防控工作的方方面面，本报告发现"党政一体"的领导体制，以及整体动员模式、技术手段和群众配合是做好疫情防控工作的根本保证和重要支撑。因此，在今后的工作中，基层政府仍需要在建立"平战结合"的应急管理体系、加强"专业性和公共性

* 刘徽翰，甘肃省社会科学院社会学研究所助理研究员，主要研究方向为社会问题、社会治理。

融合”、注重群众有序参与、发挥社会治理合力等方面补短强弱，持续发力。

关键词： 基层治理 风险社会 疫情防控 应急管理

基层治理是国家治理的重要组成部分，不仅因为基层治理构成了国家治理体系的微观基础，更在于基层治理直接体现了国家治理体系和治理能力的实际效能。治理效能的衡量不仅在于一个社会在正常秩序下的运转情况，更在于非正常状态下的运转情况。突发事件往往会导致一个社会出现非正常状态，即正常社会秩序出现了变异或遭到了破坏，这种社会失序（即在一定时间内一定程度上社会失去正常运转秩序）状况会在很大程度上给现有治理体系带来巨大的外部压力和内部紧张，同时对政府的治理能力提出了严峻挑战。

现代社会本质上是一个“风险社会”，随着科学技术的飞速发展，人类活动的范围不断扩展，大规模流动的速度和便捷度不断提升，这当然可以视作人类超越自然限制能力的大幅度增强，但也意味着风险可以随人类活动本身在广阔的地理空间中以更加迅速和更加超常规的方式进行扩散。根据乌尔里希·贝克的风险社会理论，人类应对风险的种种举措，特别是对付风险的一些科技手段同时又会带来新的不可预测的风险，风险与对抗风险的手段在某种程度上构成了一个“风险的共同体”。

由于要在风险不断增长的环境中寻求发展，任何社会都发展出了各种对抗风险的手段，特别是防范风险和减轻风险损害的办法，其中包括各种应急管理制度、机制、机构、技术手段等。这些对抗风险的制度安排（Institutions）和不同国家的政治制度、社会结构、历史文化相结合而呈现不同的形式，也因此表现出不同的实际效果。

在全球范围内蔓延的新型冠状病毒肺炎疫情（简称新冠肺炎疫情），几乎波及了世界各个角落。中国因为采取防控手段最为坚决，疫情防控最为有效，国内社会秩序基本恢复正常。与此同时，世界上一些国家的新冠肺炎疫情仍然呈高发态势，社会秩序遭到严重破坏，疫情防控压力巨大。中国应对新冠肺炎疫情的严防严控和免费救治模式在实际抗疫过程中展现了非比寻常的治理效果，在世界范围内得到了越来越多的肯定与赞同。与此同时，在疫情防控形势取得阶段性胜利之后，中国又适时开展“复工复产”，逐地逐次恢复企业生产经营和正常的社会活动，整个社会的生产生活秩序基本恢复正常。正确应对疫情暴发，严防严控疫情传播，在压力下保持社会正常运转，对困难群体进行特殊救助，适时开展复工复产，在疫情防控常态化条件下进行各种正常的社会活动，最终实现重大社会风险下的正常发展，这就是本次疫情中中国完整的应对经验。

以上只是对中国在重大突发公共卫生事件下整体治理经验的一个宏观简略描述，而要详细了解包括应急管理体系、体制机制、具体执行等微观运行状况，必须深入基层考察地方政府在应对新冠肺炎疫情期间的实际工作。

一　A区应对新冠肺炎疫情的主要做法和成效

A区是甘肃省兰州市主城区之一，1953年建区，区域总面积82.33平方公里，总人口35万人。辖区高校、科研单位密集，有19所大专院校，国家、省级科研院所117家，有大学生12万人、各类科技专业人才3万余人，现辖8个街道办事处、60个社区，是甘肃省第一个完全撤销乡镇和村级建制的城区。2019年全年完成地区生产总值225.06亿元，固定资产投资完成82.18亿元，社会消费品零售总额完成103.84亿元，一般公共预算收入完成9.43亿元，城镇居民人均可支配收入完成38552元（以上数据截至2019年底）。

在本次新冠肺炎疫情防控期间，截至2020年9月27日，A区累计确诊病例1例，治愈1例，属外地报至本地病例，无死亡病例。[①]

2020年2月21日14时，甘肃省政府将省内疫情防控应急响应级别由1级调整为3级。为了便于分析，本报告以这个时间点为分界线将疫情防控分为两个阶段，第一阶段是严防严控阶段，第二阶段是常态化防控阶段。

（一）迅速建立疫情防控工作领导小组，建立联防联控工作机制

按照“外防输入、内防扩散”的要求，A区第一时间成立由党政主要领导任双组长，班子成员为副组长，相关部门负责人为成员的疫情防控工作领导小组，统筹负责全区疫情防控工作，加强对全区疫情防控工作的领导。领导小组认真传达学习了习近平总书记重要讲话和指示精神，以及中央和省委、省政府，市委、市政府重要会议、文件精神，研究贯彻落实措施，明确具体工作任务和责任主体，做到了思想统一、认识统一、步调统一、行动统一；建立联防联控工作机制，设立综合协调、摸底排查、采样送检、宣传教育、社会治安、消杀清理、市场监督、纪律监管等8个工作专班；制定并印发了《关于做好2020年县级领导联系企业和包抓重点项目工作的通知》《关于进一步做好疫情防控工作保障全面恢复城市运行和人民生产生活秩序的通知》《关于加强假期返岗复工人员健康管理的通告》《关于落实甘肃省新冠肺炎分区分级防控指导意见对重点人群隔离医学观察问题的通知》《关于在新冠肺炎疫情期间全区推行使用甘肃省健康出行

① 甘肃省卫健委网站。

码的通知》等文件，在全方位加强疫情管控的同时，引导企业全面落实疫情防控主体责任，有序复工复产，最大限度降低疫情对全区经济的不利影响。

（二）严防输入、精准防控，实行分区分级防控

按照省市分区分级防控措施和境外来兰返兰人员管控要求，严格落实“外防输入”策略，以最严格的措施杜绝疫情输入。

1. 严格防控重点人群

在疫情防控第一阶段，全区60%的机关干部和L县帮扶干部下沉街道社区，由街道统一调配，通过“机关干部 + 社区工作人员”“1 + 1”联防模式，全天候点位把控，严格履行职责，主动配合街道做好疫情防控各项工作，有效补充了基层防控力量，缓解了基层干部防控压力。各街道全面落实小区人员车辆管理、内部管理、居家隔离、环境治理等工作要求，严格落实网格化管理、地毯式排查，各街道入户排摸实现了全覆盖，共摸排武汉返兰来兰人员388人，与武汉返兰来兰人员接触人员772人，对重点人群及居家留观人员进行了有效的管控和优质的服务，坚决落实了“5个1”工作措施。在疫情防控第二阶段，通过公安大数据筛查、街道社区日常排摸等手段提前对境外和湖北来兰返兰人员进行追踪和摸排，安排专人专车接站服务，实行无缝衔接，确保日本、韩国、伊朗、意大利等境外重点疫区和湖北来兰返兰人员第一时间进入集中留观点集中隔离，其他境外和省外来兰返兰人员由各街道负责进行居家隔离，做到了底数清、管控严、措施实、处置稳。

2. 规范管理卡口点

根据市政府《关于调整新冠肺炎疫情联防联控措施、有序恢复全市生产生活秩序的通告》要求，在疫情防控第二阶段全区335个卡口点继续实行24小时值班值守制度，机关干部继续下沉社区协助开

展疫情防控工作。所有住宅小区继续实行“一人一证”管理措施，持证出入，并进行体温检测。每天对居民小区电梯、楼道等公共区域继续进行定时消毒作业。及时宣传疫情防控最新政策和要求，积极组织引导群众开展群防群控。

3. 全面恢复政务服务

防控第二阶段，全区机关事业单位已全部恢复正常上班，定期定时做好办公场所消毒、通风、保洁等防控措施。政务大厅、公共资源交易中心等服务窗口全面恢复正常运行，严格执行消毒、通风等防控措施，做好疏导、分流、限流工作。业务办理人员及工作人员要求必须全程佩戴口罩，接受体温检测，登记身份信息，有体温异常者，一律劝返禁入。

4. 有序开放公共场所

露天景区、公园、广场绿地等公共空间有序恢复开放，但禁止广场舞、扎堆聊天、打牌等人员集聚性活动。影院、网吧、KTV 等非群众生活必需的公共服务场所继续暂缓营业。图书馆、文化馆等人员聚集性、封闭性公共文化场所继续暂停开放。继续停止群体性聚餐、宴席、扎堆聚会、聚集娱乐、文艺演出、人才招聘会等大型公共活动和群众聚集性活动。各类宗教场所继续暂缓举行活动。

（三）科学设置、规范管理，严格进行集中留观，有序推进检测救治工作

根据疫情防控需要，A 区在 1 月 30 日将 LF 宾馆选定为本区集中隔离留观点，科学合理开展集中留观。

1. 完善功能布置

留观点共有房间 73 间，设医务人员和管理人员办公、生活用房 12 间，设置留观房间 61 间，所有房间均带独立卫生间。严格按照

技术方案要求，划分了清洁区、半污染区和污染区，三个分区之间做了物理阻隔，入住人员和医务人员有单独通道，两个通道无交叉。各楼层根据不同批次密切接触者的解除日期划分，各区域间无相互交叉。

2. 充实基础配备

选派 1 名医生、2 名护士、2 名公安工作人员进驻留观点开展工作，工作人员实行 14 天轮班制度，值班结束之后继续居家隔离 14 天。足量配备了防护服、护目镜、消毒液等防护用品，每三天补充一次，并配备基本药品及急救药品。

3. 强化人员管理

根据防控要求，对所有留观人员采取分区分层管理，按照解除隔离时间，安排留观区域，所有留观人员均单人单间进行隔离留观。医务人员每天密切监控留观人员的身体状况，进行对症治疗。安排专业心理医生对留观人员进行心理辅导，帮助留观人员缓解消除精神焦虑，确保精神健康。

4. 强化后勤保障

安排专人按时为留观人员提供三餐饮食，保证营养充足。按照国家卫健委发布的《新型冠状病毒肺炎防控方案》关于污染物及污水消杀相关要求，留观点所有污染物及污水严格按照消毒流程消毒后排入市政管网。留观人员生活垃圾按照医疗废物由省危废中心按时处置。

辖区内两家定点医院（分别是 A 区人民医院和一家企业医院）共开展医疗救治培训 14 期，成立了 6 个流行病学调查组，进一步扩大流行病学调查范围。5 家二级以上医院预检分诊点共接诊 15102 人次，其中，外地来兰返兰人员 339 人次（武汉来兰返兰 53 人次）。发热门诊共接诊发热人员 923 人次，累计留观 63 人。

（四）强化物资保障，全力做好医疗物资储备调拨

在疫情防控第一阶段，防疫物资极度紧缺，A区财政下达疫情防控经费共计548万元，其中中央资金184万元，省级资金19.9万，市级资金3.4万元，区级财政保障资金340万元；区工信局共购买物资价值138.5万元，共发放过氧乙酸293桶、84消毒液3964公斤、酒精1200升、N95口罩1200只、医用一次性口罩18万8162只、防护服1308套、医用手套7100双、护目镜200副。

（五）统筹兼顾、多措并举，有序恢复社会秩序

A区按照省市关于调整新冠肺炎疫情联防联控措施有序恢复生产生活秩序的要求，坚持一手抓疫情防控，一手抓复工复产，最大限度减小疫情对经济社会发展的影响。

1. 精准制定措施

根据中央及省市关于切实加强疫情防控统筹抓好改革发展稳定各项工作的相关要求，按照特殊时期、特殊应对的原则，实行县级领导包抓责任制，制定下发《关于做好2020年县级领导联系企业和包抓重点项目工作的通知》《关于建立县级领导分片包抓企业复工复产疫情防控工作机制的通知》《关于进一步做好疫情防控工作保障全面恢复城市运行和人民生产生活秩序的通知》《关于加强假期返岗复工人员健康管理的通告》等政策文件，统筹推进疫情防控和经济社会发展各项工作。

2. 精细实施管理

根据国务院应对新型冠状病毒肺炎疫情联防联控机制《关于依法科学精准做好新冠肺炎疫情防控工作的通知》精神，结合A区实际，制定下发了《工业企业复工复产标准》《关于依法科学精准做好建筑工地新冠肺炎疫情防控工作的通知》《新冠肺炎疫情防控期间A

区商贸流通业复工复产标准》《关于进一步做好疫情期间流通领域复工复产工作要点》等文件，指导企业依法科学精准做好复工复产和疫情防控工作。建立工业企业微信群，指导企业制定《企业疫情防控工作方案》《复工生产实施方案》，逐一进行现场核查。建筑工地严格落实“八个必须”要求，强化建筑工地实名制管理平台监管，有序组织员工返岗，切实加强返岗员工管理和健康监测。农贸市场、超市、便利店、理发店等各类商业门店，严格实施场所消毒等措施，达到防疫条件均恢复营业，控制疏导人流、避免人员聚集。宾馆、酒店、餐饮企业和个体餐饮门店有序恢复正常经营，落实人员体温检测、场所消毒通风，实行“一人一桌、一客一消毒”等防疫措施，对 8 家防控措施落实不到位的餐饮店予以关停。

3. 精心做好服务

主动对接、优化服务，有针对性地开展援企、稳岗、扩就业工作，继续采取“点对点”等多种交通运输方式让员工尽快返岗复工，严格做好员工吃、住、行，车间管理等环节防疫工作，大幅加大疫情防控重点物资的保障供应，积极帮助个体工商户纾困，切实提高复工复产的整体效益和水平。密切关注节后企业招用工情况，成功举办 2020 年 A 区“春风行动”网络用工洽谈会。落实失业保险稳岗补贴和失业保险返还政策，扩大中小微企业稳岗返还政策受益面。加大创业担保贷款支持力度，助力中小微企业发展。

（六）重点关注、加大救助力度，保障困难群众生活

根据中央、省、市关于做好新型冠状病毒感染肺炎疫情防控期间社会救助工作的要求，A 区积极行动，加大救助力度，切实做好疫情防控期间困难群众生活保障工作。

1. 全面排摸

以区防控办名义制定并下发了《关于做好疫情期间全区困难群

众基本生活保障情况摸底排查的紧急通知》，对全区低保对象、特困供养人员、困难残疾人等困难群众进行了全面摸排，共入户排摸1276户，其中，不能及时外出打工造成家庭经济困难的93户，缺乏生活物资（米、面、油等）的95户，缺乏基本防护物资（口罩、消毒液等）209户，因病困难29户，受疫情影响就医、就学20户，无需求830户。

2. 及时开展救助

先后为全区困难群众发放1月临时物价补贴共计55219.12元；足额发放1~3月最低生活保障金2799144元；发放1~3月残疾人两项补贴504500元；发放1~3月特困人员供养金145122元；发放临时救助金10680元。同时根据疫情防控需求，为全区困难群众累计发放口罩28567个、消毒片14165片。为困难群众购买、发放鸡蛋、肉、速冻包子、饺子等生活物资1103份（其中300份为ZD集团捐赠），共计支出14.454万元。及时为8个街道拨付临时救助备用金29万元。

（七）积极宣传引导，切实维护良好网络舆情环境

积极组织新闻记者第一时间奔赴街道、社区、车站、防疫卡口点等疫情防控一线，对全区疫情防控工作进行深入采访报道，并每天通过“两微一端一网一号”等宣传平台推送。开设《疫情防控·我们在行动》专栏，及时转载中央和省市关于预防疫情的相关措施，第一时间发布全区疫情防控信息，将报道角度聚焦基层，发布相关报道500余篇，专题点击率达40万人次。聚焦疫情防控一线，集中报道一批讲奉献、顾大局、身先士卒的先进典型和感人事迹，汇聚正能量，增强社会信心。制作并推出微视频、抖音等新媒体产品60余个，向中央和省市主流媒体推送稿件80余篇，专题点击量近30万人次，在全区营造了全民参与、群防群治共同战胜疫情的浓厚氛围。

（八）严格督查督办，确保防控责任措施落实到位

督查组通过明察暗访、专项检查、联合督查等形式，持续重点深入8个街道及所属社区、27个防控工作任务承担部门、10个蔬菜销售市场、8家综合性超市、西北出入口交通检查点、8家医疗卫生机构、35个大中型影院和饭店、12个宗教活动场所、180余个居民小区进行实地督查。在疫情防控期间，累计发现并现场交办问题315个，已全部整改。为防止全区疫情防控工作夜间出现放松现象，从2020年2月20日开始，督查组与区纪委和区委组织部联合开展夜间督查工作，重点对一些三不管楼院、自管楼院，以及涉农街道卡口点进行明察暗访，并对督查出的问题进行通报，有效巩固了全区疫情防控工作。特别是，对存在问题整改不到位、协调难度较大的W厂相关疫情防控问题，以区领导小组名义成立派驻工作组，分别致函W厂、市国资委物业公司，召开4级协调会进行衔接，杜绝推诿扯皮导致的工作落实不到位现象，整改成效明显。同时，督查组每日将当天最新的督查情况以报告（专报）形式报送区委、区政府和区联防联控领导小组办公室，共形成督查报告（专报）27期。牵头督促检查各相关单位认真整改落实省、市单位对A区防疫工作督查检查反馈的意见问题，上报整改报告11个。

二　A区疫情防控工作的主要经验和启示

（一）党政一体的决策执行体制是做好疫情防控工作的体制优势

县级政府是我国行政体系中最为完备的基层政府（乡镇虽然是最基层的政府，但在职能上并不是一级完备政府），县域治理几乎包

含了国家治理的一切要素。县级政府配备的职能部门几乎和中央政府设置完全一样，县级政府在辖内拥有完整独立的执法权，这些都是有效应对重大突发公共卫生事件的必备条件和制度基础。“党政一体”是中国各级政权进行决策和执行的特色模式，这种模式保证了党委的各项决策能够得到坚决贯彻和高效执行。在遭遇新冠肺炎疫情这样非常规的、突发的重大公共卫生事件之时，基层政府的首要职责是必须严格且及时地贯彻上级对于疫情防控工作的各项决策，然后通过成立党政两个“一把手”担任负责人的疫情防控工作领导小组，用党委、政府的权威将承担各项具体任务的职能部门统一组织起来，形成超越常规行政管理的工作机制，在全辖区范围内调集一切行政和人力物力资源进行疫情防控工作。按照疫情防控的工作任务，设置防控、救治、留观、物资保障、信息联通等专门“板块式”工作小组，由职能相近的若干部门组成一个小组，共同承担某项专门任务。对于每一个党政机关工作人员而言，特别是对基层工作人员来说，这种超常规工作模式下的个体，已经突破了往日部门、专业和所属条线的“壁垒”，每一个人都必须“身兼数职”，同时进行多种任务，24 小时在岗，随叫随到，不讲条件，令行禁止。可以说，在日常行政管理工作中形成的“中心工作”和“重点任务”模式（包括专项行动、集中整治等）都已经为应对包括重大突发公共卫生事件做好了治理体制和工作机制上的准备，而承担具体工作任务的部门、街道、社区以及人员都具备了丰富的工作经验。

（二）整体动员模式和社会管控机制是做好疫情防控工作的制度基础

在遭遇类似新冠肺炎疫情这种超常规的重大突发公共卫生事件时，在尽可能短的时间内要将疫情防控的各种措施传达到各家各户和每个人，同时要在极短时间内限制（冻结）整个社会的流动性，对于任何政府来说都是非常困难的任务，特别是对人流物流特别巨大的现代社会来说，这几乎是不可能完成的任务。但是中国“仿佛在一夜之间按下了社会生活的暂停键”，这无疑体现了中国特色社会主义制度的优势。这种制度优势得益于长期以来国家实行的整体动员模式和社会管控机制。在疫情防控关键阶段（第一阶段），A 区所有街道党工委书记和办事处主任担任“双组长”，构建“街道党工委—社区党组织—楼栋党小组—红色网格（网格员）—党员先锋岗”五级联防联控架构，从严从细落实各项工作任务。入户摸排、在重点区域和交通要道设卡防控，街道社区工作人员进单位、进小区，对重点对象实行“人盯人”防控。在每一个小区对所有居民出行实行“出入证”管理，对所有人员和车辆严格实行进出登记制，从根本上实现了本辖区内部社会流动性管控。与此同时，做好疫情防控工作，仅仅依靠政府自身力量是远远不够的。依托辖内高等院校、科研单位集中的优势，A 区政府充分动员各单位参与防控，依靠辖内企事业单位进行内部管控从而大大减轻了政府的工作量。各行业、各领域、各部门在国家整体动员模式下通过自我管理整合起来，形成了社会整体管控的合力。在疫情防控第二阶段（恢复社会正常秩序阶段），各个疫情防控点结合防控形势变化，及时调整防控策略，将工作重点由防控转变成防控和恢复并重。一些政府部门通过工作人员下沉、提供“上门服务”实现了疫情防控和公共服务两不误。一些街道社区直接在各个小区的疫情防控点进行“现场办公”，尽可能保证及时满足广大居民的基本公共服务需求。

（三）技术为做好疫情防控工作提供了有力支撑

在疫情防控初始阶段，因为各种防控任务交织叠加，信息收集和人员管控在部分街道和单位、小区产生了一定程度的混乱，后来随着联防联控机制的不断健全和信息化手段的积极应用实现了常态化防控，社会生产生活在经历最初阶段的严格管控后基本恢复了正常。借助海量的智能监控摄像头和公安大数据系统，最大限度地监控人员车辆出入情况和落实自我隔离（居家隔离）措施；在线教育和远程办公系统为隔离期间的学习和工作提供了最大便利；一些依托于街道社区日常工作的QQ群、微信群和小程序，不仅为基层工作人员开展防控工作节省了大量时间，而且还为居民个人化的生活需求提供了信息交流传递渠道；随着健康码（出行码）的大范围应用，人员的大规模流动和社会生活正常化有了信息化保证；新的、更快速的红外体温监测装置，为公共场所和机构恢复运行提供了有利条件。依靠互联网、物联网和大数据、5G等先进的信息数字技术，基层疫情防控工作出现了很多新的亮点，“技术含量”不断提高，工作的精准性、有效性不断提升。

（四）良好的群众基础是做好疫情防控工作的社会基础

在基层治理的传统语境中，党委、政府的所有工作都离不开群众的支持，而围绕各种治理任务开展的各种宣传组织动员工作本质上都是为了获得群众的理解、认同和支持。在本次疫情防控期间，A区辖内的居民主动配合政府工作，严格遵守政府的防控要求，落实居家隔离和凭证出入、测量体温和主动报告出行情况等个人防控措施，全区范围内没有出现一例不配合政府防控工作的案例。与此同时，政府也积极开展对特定群体的特殊救助，保障他们在疫情防控期间的基本生活。在后续的复工复产阶段，A区严格落实中央、省市的各项政策措施，有序推动辖内经营主体迅速恢复生产经营。相对于一些西方国家在疫情防控时期遭遇的那种“个人自由与集体干涉、社会秩序与国家控制”之间紧张对立，中国社会的治理成本因为民众对政府的高度信任和支持而大大减少。长期的主流意识形态教化和集体主义的价值观培养，使绝大多数的基层民众能够无条件地配合党委、政府工作，这一点在整个疫情防控期间表现得尤为突出。群众守规矩、守纪律、服从政府的防控要求是基层政府做好疫情防控工作的社会基础，也是应对一切突发公共卫生事件的前提。简单来说，平时做好群众工作，维护好群众利益，“战时”就能赢得群众的高度信任、支持和配合。

三　关于基层政府应对重大突发公共卫生事件的对策建议

（一）加强应对突发公共卫生事件的信息情报工作

迅速、全面地掌握信息是做好任何应急治理工作的前提和基础。在本次疫情防控期间，初始阶段政府确实遭遇了信息不足、传递不畅、反馈不及时等问题。因此在今后更应该注重信息情报工作，推动现代数字治理技术应用。首先是加强应急情报信息的监测和收集；其次是建好信息情报的快速流动传递体系；最后是加强对信息情报的分析、研判和利用。特别要重视通过分析研究信息情报来及时总结经验，形成正式知识，进而推动这种知识在政府系统内部和政府与社会之间交流共享，为构建应急治理共同体奠定坚实的知识基础。

（二）加强应急治理的公共性和专业性融合

政府开展的应急治理工作从本质上而言，是一种公共性的行政行为，但是这种行政行为依然要建立在专业基础之上。通过此次新冠肺炎疫情，我们要充分认识到现代社会的不确定性和超常规性。在这些风险面前，政府工作人员不可能成为无所不能、无所不知、事事不出错的“全能超人”，这就需要由多领域专业人士组成专家委员会参与政府应急治理。除了传统意义上的技术专家，还需要吸收公共管理、信息联络、物资调配和心理方面的专家。政府要定期组织专家参加政府应急治理工作会议，建立健全部门与专家定期会商机制，必要时可直接请专家参与决策和现场处置。此外，还要在政府系统内部长期开展应急管理知识和技能培训，重点覆盖基层一线工作人员和关键岗位工作人员。

（三）加强“平战结合”的应急治理体系和制度建设

对于基层政府而言，体系和制度建设在很大程度上是一个如何落地、融合及发挥实效的执行过程。通过此次疫情检验，现阶段的基层政府治理体系和制度机制，实际上已经基本实现“平战结合”，这个“平战结合”的关键是能够做到“平战转换”。这就要求在后续的应急管理体系建设中坚持从实际出发、从实际治理效能出发，重点加强部门间协调机制和职能整合工作。

（四）加强社会参与和协同治理

相信群众、发动群众是做好一切基层工作的基础。要加强动员组织群众有序有效参与，建立普通群众和专业社会工作者、志愿者协同配合机制。借助本地优势，建立政府与企事业单位、科研院所、社会组织的联动响应机制和协同治理机制，合理设置各自的目标任务，发挥治理合力。

（五）加强必要的应急治理基础设施建设

通过此次疫情，人们都意识到突发事件特别是重大公共卫生事件发生时，消毒、清洁、救治物资的储备、运输和分配会成为有效管控危机的关键。因此，基层政府要结合本地实际，利用中央当前加强“两新一重”建设的政策机遇，推进现代流通体系建设，增加一些必要的应急治理基础设施，比如物资储备涉及的仓储物流、一些专用设施和设备、信息专用平台等。特别是要加强基层公共卫生防控物资储备，在街道、社区和一些重点单位、区域都要配置专门的物资储备设施，为一些重点单位、部门设立必要的物资调配权限，实施清单管理。

B.13 地方政府应对突发公共卫生事件能力建设研究

郑　苗*

摘　要：　在应对和处理各种突发公共事件的过程中，政府扮演着不可或缺的重要角色，同时，自身能力不足逐步凸显，这在一定程度上制约了突发事件的处理效率和水平。信息失衡、资源短缺等问题严重妨碍了政府在突发事件处理中作用的发挥，这从当前频发的食品安全等问题即可看出。在突发公共事件应对及处理方面，政府发挥着至关重要的主导作用，公民、企业等纷纷伸出援手，共同使各种突发事件得到快速控制，既能将事件造成的危害和损失控制到最小，也能够在很大程度上减轻政府"单打独斗"、独自承担的压力。

关键词：　地方政府　公共卫生事件　甘肃

一　突发公共卫生事件基础理论

（一）公共卫生的基本内涵及其性质

1. 公共卫生的基本内涵

对于人类而言，医疗卫生服务只有在患病或者受伤等情况下比

* 郑苗，甘肃省社会科学院社会学研究所助理研究员，研究方向为社会伦理学。

较重要，而公共卫生服务则并非如此，无论何时何地，均对人类生活与发展产生较为深刻的影响。公共卫生是帮助人类防范疾病、保持机体健康的一类保健事业。只有人们保持健康体魄，方可推动人类实现真正意义上的健康发展并创造灿烂文明。健康发展主要包含两层含义：一是改善人类生活品质，二是进一步延长寿命，它们能够直接利用公共卫生事业的发展进行反映与评估。若公共卫生状况不尽如人意，无法全面有效地遏制传染病，健康水平过低，人均寿命比较短，那么不管经济发展水平如何之高均背离了人类发展的初衷。若无法采取合理有效的手段妥善处理公共卫生问题，那么人类的健康就无法得到有效保障，即便是在短时间内经济方面取得了令人瞩目的成绩，其辉煌也难以长期保持。所以，公共卫生的指数能够比较准确客观地反映人类生存质量，公共卫生危机的爆发会对人类生存与发展产生严重威胁。

1920 年，有人对公共卫生的内涵进行了界定，即指的是为防治疾病、铸造健康体魄、延长人类寿命的一门科学与实践。公共卫生依托组织有序、运行稳定的社会，采取各种科学合理的措施与手段改善环境卫生，加强对区域性疾病、传染性疾病的全面防控，在全社会范围内加强个人卫生知识的宣传与教育，不断壮大医护队伍，促其及时察觉并合理诊治疾病，构建一套严谨全面、规范合理的社会保障机制，全面提高民众身体健康水平。

1986 年，首届国际健康促进大会召开并发表了渥太华宣言，对新公共卫生大众健康的精神进行了认真细致的解读，即主要包括制定并优化健康政策，构建能够促进人类身体健康的环境，引导广大人民或者组织积极参与，加强健康知识的全面宣传，调整并完善医疗保健服务结构促其更全面、更有效地满足民众健康需求。

1997 年，澳大利亚对公共卫生的含义进行了界定与阐释，即有组织的社会反应，其根本目的在于保证民众身体及心理健康，加强对各类疾病、残疾损伤的有效防控。公共卫生面向的对象是全人类，根据他们的具体健康情况明确现有问题并制定专业有效的干预方案。

美国卫生部门表示，加强公共卫生管理的根本目的在于打造健康社区、健康民众。对于公共卫生来讲，其核心任务是改善民众身体健康、促其心理健康，提高医疗服务水平。

APHA 主席 Sidel 明确表示，在整个健康服务体系中，公共卫生占据着举足轻重的地位。健康服务主要包含下述 3 项内容。一是公共卫生，积极向民众宣传疾病防控知识，通过各种实践活动及合理有效的手段改善民众身体健康。二是预防医学，即为患者及其家庭提供有益于机体健康、防控各种疾病的知识手册。三是医疗服务，选取合适的治疗手段缓解病人疼痛、遏制病情恶化，提高患者生活品质并延长其寿命。

伊纳·基克比施认为，公共卫生是一个涉及多门学科知识、需要多个不同部门协同合作的综合策略，其主要目的是依托社会全员的共同努力，推动社会健康水平进一步提升。

综上所述，公共卫生是以保持身心健康、防范疾病、提高生活品质为目标的综合性公共事业。其工作内容比较繁杂，概括来讲，主要由下述几部分构成。一是利用开展活动的方式改善生活环境，尽可能地消除一切传染隐患，预防流行病或者传染病的暴发；二是加强健康知识的宣传与教育，组织医务工作者采取合理手段及早诊治疾病；三是健全并优化社会体制，确保所有成员拥有可以保持身体健康的基本生活保障。一旦传染病横行，医院的主要任务是采取各种有效手段治疗疾病，而公共卫生事业的主要任务则是尽快锁定病源并准确确定流行因素，积极采取有效手段控制传播途径。两者针对的人群也有所不同，治疗一般仅面向患者，而预防对象则尤为广泛，面向全体民众。公共卫生是政府部门为保障民众身体健康、预防传染性疾病等而开展的工作，旨在促进国民健康、社会和谐稳定。

2. 公共卫生的性质

公共卫生最基本的属性是公共性，此处所讲的公共性不仅是客观全面衡量国民健康水平的重要手段，而且是评估公共卫生政策贯彻和落实成效、明确公共财政投入多少的重要参考依据。作为公共卫生的一项关键属性，公共性是一个非常宽泛的概念，主要涉及下述几个方面。

一是公共卫生的外部性。作为社会预防疾病、促进民众身心健康的强大武器，公共卫生尤为重要，但其功能弱化势必会引发一系列问题，比如，公共卫生突发事件的发生率明显提高，甚至引发多种难以有效防范的灾难。公共卫生的服务对象则尤为广泛，面向全体民众，其涉及的服务、产品等均为公共品。由此可知，公共卫生具有公共性，不会对其他产品产生排他性，也不会和其他产品竞争，而这赋予了其独特的外部性特征。公共卫生产品的边际生产成本与边际拥挤成本不成比例，每个人都不需要支付，并且不会对其他人的使用与消费产生任何干扰。譬如，有人在呼吸洁净安全的空气并不会对其他人造成任何不利影响，既不会降低他人吸入空气的质量，也不会减少他人吸入空气的数量。

二是公共卫生领域普遍性。前文已经提及，公共卫生领域非常宽广，具体表现为下述几个方面。其一，它基本上涵盖日常生活、学习、消遣等在内的各种环境的所有卫生问题，比如食品卫生、慢性病等；作为一个保持高度独立性的个体，人在出生前后是否患有疾病；人们在日常生活中面临着怎样改善体质、提高免疫力、促进身心健康的问题；如何全面消除各种不利于人体健康的隐患，促进民众健康水平全面提升等。其二，公众共同受益非常宽泛，纵然是一个规模比较小的独立公共卫生工程项目应该创造令广大民众受益的社会效益。譬如，苏州吴中区政府每年都会投入万元资金，专门用于改善当地环境，加强对血吸虫病的全面防范。为了避免止钉螺（血吸虫的中间宿主）在生长过程中随着河流而不断向其他方向迁移扩散，当地采取了筑高堤、洒药物等多种手段，切实抑制了钉螺的大范围转移和扩散，为有效防范血吸虫病的暴发提供了可靠保障，让更多民众免受血吸虫之苦。这是一项涉及面广且相对较为复杂的公共卫生工程，既需要政府制定完善严谨、规范合理的政策，也高度依赖于政府资金的支持，正是凭借着政府不同部门间的相互配合、协同合作，取得了相对令人满意的成效。该项工程的受益者是广大民众，其中任何人的受益都不会影响和干扰他人受益。其原因在于公共卫生产品具有外部性，无法根据相关方式精准确定其价格，不投入资金或者不支付费用均能够受益。

三是人类社会的共有性。国家对公共卫生事务的态度及价值倾向直接关系到公共卫生能否保持公平，也会对制度性权威带来较大影响。“公共性”是各种超越私人范畴事务的全面汇集。政府公共部门的诞生使公共卫生部门与民众健康利益息息相关，在很大程度上加速了公共卫生事务的诞生，并催生出相应的服务及产品。人们降临世间就享有基本的生命权与健康权。公共卫生正是依托对传染病、流行病的有效防范，促进人体身心健康的措施等实现对广大民众人权的有效维护和保障。民众对身心健康的期待与追求是公共卫生工作有效开展的不竭动力。

（二）突发公共卫生事件的概念和特点

1. 突发公共卫生事件的概念

世界卫生组织将突发公共卫生事件界定为“依照特殊程序确认的非普通类公共卫生事件”，主要涉及两方面内容：一方面是以疾病传播的形式对其他国家或者地区带来公共卫生风险；另一方面是为应对风险，有可能采用严谨合理、规范可行的国际应对策略与方法。

关于突发公共卫生事件问题，西方国家早在多年前就已经展开研究，现已构建起一套比较严谨成熟的理论体系。有学者认为，突发公共卫生事件主要指的是难以合理预测，突然发生，或许会对人类健康、社会发展造成严重危害的事件。政府方面应加强预警并积极采取各种合理手段进行防范和控制。

2003 年，国务院颁布了《突发公共卫生事件应急条例》。该文件指出，突发公共卫生事件主要指的是无法精准预测，容易对公众健康带来严重威胁甚至造成不可逆损伤，对其身心健康造成不利影响的紧急事件，同时，也指的是不利于社会稳定发展、对民众健康有害，政府部门需要当机立断、积极采取各种合理手段进行妥善解决的危险事件。基于危害程度的大小，此事件大体可分为四类：一是特别重大类，二是重大类，三是较大类，四是一般类。

基于表现形式的不同，突发公共卫生事件粗略地可分为下述两类：一是在某时间段内、某区域内、某人群内，病例总数增加至预警时而发生的事件，比如中毒等事件；二是在某时间段内、某区域内，在环境危害因素超出预警时而发生的事件，比如菌毒种丢失等。

基于形成原因的不同，突发公共卫生事件可划分为重大传染病疫情、重大环境污染事故、自然灾害导致的人员伤亡等。其中，在各种突发公共卫生事件中，重大传染病疫情被确定为第一类。在我国，每年报告的突发公共卫生事件，大部分为传染病疫情类突发事件。重大传染病疫情主要指的是某种传染病迅速暴发并逐步向其他地区蔓延，产生较多人员感染或死亡病例，其发病率明显大于历年发病率平均值。

近二十年来，我国出现了诸多重大公共卫生事件。其中，1988 年初，上海地区的多名群众出现发热、黄疸、呕吐等症状，其原因不明，并且短时间内有此病状的人数大幅增多，截至 3 月底，其病例累计高达 29230 例；2002 年 9 月，南京出现一起骇人听闻且影响尤为恶劣的特大投毒案，不法分子故意将剧毒老鼠药——“毒鼠强”投放于某食品店食品原料内，此举导致近 400 人中毒，最终造成 40 余人死亡；2003 年 5 月左右，来势汹汹的非典疫情大范围肆虐，在中国及其他国家的多个地区横行，国内由于非典死亡的人数多达 349 人。以上事件均属于公共卫生突发事件。

2. 突发公共卫生事件的特点

突发性。即公共卫生事件的发生往往出乎人们的意料，无论是其发生时间、发展趋势以及造成的危害等，人们都无法精准合理地预测，并且此类事件的出现往往给人带来较大的压力。此类事件刚刚发生时，容易令人陷入恐慌中，甚至引起混乱和骚动。政府难以接收到专业合理的处理意见，也无法在信息不全的情况下作出明智合理的决策；专业机构难以对事件性质及其潜在的危害进行快速精准地评判；广大民众因无法了解事件的最新动态和其始末，容易处于紧张焦虑的状态，严重时可导致社会混乱。

原因的多样性。公共卫生紧急突发性事件各种各样，既包括应用水污染事故，也包括法定传染病的暴发等。即便是某类特定事件，涉及的侵害因素也非常多，表现形式更多元化。

危害的直接性。如果发生突发公共卫生事件，那么民众就面临着严重的生命安全威胁。若对人们的身体健康造成严重危害，则容易引起社会动荡不安，同时也容易导致惨重损失。

后果的严重性。突发公共卫生事件所造成的危害范围包括社会公众和社会环境，所涉及的领域包括经济、文化、生态等各个方面，所以，此类事件带来危害不仅非常大，并且呈现较强的广泛性。这种危害有的影响深远，比如核泄漏事故；有的影响短暂，比如自然灾害后的疫情；有的造成直接影响，比如疾病的突然暴发；有的造成间接影响，比如严重危害后给社会造成的恐慌心理等。可以说，突发公共卫生事件的危害具有相当程度的严重性。

国际性。在国际一体化进程持续推进的今天，各国在经济、文化等方面的交流变得更加频繁化、常态化。在此发展环境下，突发公共卫生事件也具有更强的国际属性。譬如，某些传染疾病会因患者在不同国家往返、随着产品在不同国家间的运输而造成范围更广且控制难度更大的国际传播，比如，大家相对比较熟悉的埃博拉病毒。伴随着互联网技术的迅猛发展以及各类多媒体平台的广泛应用，某国或者某地区的信息能够在短时间内被传播至其他国家，容易引起国际恐慌甚至混乱。一国政府对突发公共卫生事件的态度及应对情况在一定程度上反映了国家实力，继而对该国在国际上的地位和形象产生了较为深刻的影响。

（三）突发公共卫生事件的危害

1. 威胁生命安全

无论是国际卫生组织，还是美国等资本主义国家，均曾将疾病防治工作的重心放在高血压、糖尿病等多种患病人群规模庞大、危害相对较为严重的慢性非传染性疾病，缺乏对传染病的高度重视及有效防控，同时，传染病防治队伍也呈现明显退化的发展状态，具体表现为防治人员数量减少、防治基础设施未进一步完善等。直至本来已多年未出现的传染病“强势来袭”，加之各种各样的新发传染病横行肆虐，各国政府才深刻地认识到防控传染病的重要性与急迫性。突发公共卫生事件基本上都发生于人们未做好各项准备工作的情况之中，有的会突然发生并急剧扩散，短时间内出现大量受害者。受技术等相关因素的制约，部分新病种尚未探寻到合理有效的治疗方案。所以，不管是传染病，还是中毒事件等，其危险性均非常高，均会对人类健康造成严重危害。

2. 危及社会稳定

突发事件的发生不仅会扰乱社会正常的发展秩序，也容易引起民众的恐慌，导致社会心理承受能力变差。突发公共卫生事件难以预测，特别是比较严重的事件，一旦发生，势必会对人们的心理产生较大影响，甚至会导致人们实施过激行为，打破和谐有序的生活状态。

3. 影响经济发展

突发公共卫生事件的消极影响集中表现在经济领域。再以非典疫情为例进行说明和剖析。非典疫情退去之后，很多机构对其造成的经济损失进行了评估。亚洲开发银行全面深入地分析了非典对亚洲地区经济的影响，通过一系列缜密计算发现，受非典疫情影响，亚洲地区的经济损失高达180亿美元，占GDP的0.6%；若以总支出为基准进行计算，非典疫情对TFE的影响为590亿美元，占GDP的2%。其中，中国内地蒙受的损失最为严重，其GDP损失为61亿美元，占GDP的0.5%；香港地区也深受影响，GDP损失占比高达2.9%。非典对中国经济造成了极其严重的影响，特别是第三产业，比如餐饮业、旅游业等。

二　地方政府应对突发公共卫生事件的重要性

（一）构建社会主义和谐社会必须加强卫生应急管理体系建设

地方政府务必要增强风险意识，结合近些年来发生的突发公共卫生事件，在对其进行全面深入地剖析后总结经验与教训，制定严谨合理、规范可行的风险防控机制，否则难以及时准确地识别风险因子，不能在风险发生后及时采取有效手段进行处理，继而难以保证社会和谐有序地发展。目前，我国正处于经济转型的关键时期，许多社会问题或者冲突不断加剧，使得社会和谐稳定发展受到严重影响。当前，食品安全、灾难事故等事件偶有发生，社会面临较大的风险。所以，需要重视并强化突发性公共卫生应急管理，这不仅直接关乎国家发展大局，也会对民众身体健康带来显著影响，此外，还会对现代社会主义建设与发展产生深刻影响。作为地方政府，需要正确认识到健全和优化突发性公共卫生事件应急管理机制的必要性，在着力打造和谐、稳定、有序社会的过程中，确保卫生应急管理体系建设工作有条不紊地顺利推进，共同铸就和谐社会。

（二）保障人民身体健康和生命财产安全必须加强卫生应急管理体系建设

突发性公共卫生事件一旦发生，势必会对人们的生命健康带来严重威胁，同时也不利于社会和谐稳定，严重时，可引起民众恐慌，使许多行业停滞不前，或者使一些民众对政府的执政能力、危机处理能力产生质疑，不利于增强国家凝聚力和向心力，影响社会主义建设工作的正常开展。所以，应重视并强化对卫生应急管理体系的构建与完善，在保障民众生命安全的同时推动经济、文化等各个领域正常发展。

（三）保障经济社会稳定发展必须加强卫生应急管理体系建设

我国目前正处于突发公共卫生事件高发时期，和美国、日本等发展水平较高的国家一样，不仅面临着传染病事件的风险，也需要防范核辐射、环境污染等事件的出现，上述任何事件均容易引起民众恐慌，甚至会造成难以估计且不可逆的伤害，给国家建设和发展予以沉重一击。2003 年，我国出现了非典疫情，2009 年，我国遭受了甲流疫情的侵袭，2020 年，新冠病毒在中国的土地上肆意横行，不仅导致很多人死亡，也对交通运输业、餐饮业、旅游业等造成了严重影响。不管面对哪一种灾难，都需要积极采取各种有效手段进行全面防控，在突发事件尚未发生或者未造成严重影响时，应通过专业手段、汇聚一切可用力量打造一道坚不可摧的防御屏障，构建一套严谨科学、合理可行的应急反应体系。相关部门应加强对突发性传染病的防范与控制，若出现突发事件，能够马上反应，积极采取各种合理有效的手段进行处理，将其造成的不良影响和损失控制到最低。因此，地方政府务必要重视并强化对卫生应急管理机制的构建与完善，尽可能地消除各种不良隐患，促进社会稳健持续发展。

（四）提升卫生事件应急处理能力必须加强卫生应急管理体系建设

在国家应急体系中，卫生应急体系占据着举足轻重的地位，肩负着维护民众健康、处置突发公共卫生事件等使命。但是，随着突发公共卫生事件的相继出现，应急工作开展过程中暴露出来诸多问题和不足。应急处理能力较低，无法全面有效地满足公共安全要求。因此，当前应尽快在各方的大力支持下构建起完善严谨、科学合理的卫生应急管理体系，加强学习与培训，促进应急处置水平大幅提升，唯其如此，才能够满足公共安全需求，为构建和谐安定的社会做出卓越贡献。

三　地方政府应对突发公共卫生事件的能力构建

（一）政府应对突发公共卫生事件的制度协调能力

1. 应对突发事件基础制度的完善性

严谨完善的法律制度为人们应对和处理突发公共事件提供重要依据。简单来讲，制定严谨规范的法律制度的主要目的是，使政府在社会处于公共危机状态，其和谐安定发展受阻时，可采取政治动员的方法进行应对和处理，科学合理地协调各层次主体的利益，以期尽快遏制事态发展，继续保持稳定祥和的状态，维护和平衡社会公共利益与公民合法权益。在政府和民间主体协同合作、共同应对突发事件时，法律制度是否完善严谨将会对其协同进程以及协作成效产生较为深刻的影响。所以，需要在借鉴他国成熟范式及成功经验的前提下，立足于本国情况制定严谨完善、科学合理的法律制度，为应急工作的顺利开展提供重要指导和依据。

2. 政府合作协议框架的完备性

法律制度、预案计划等均为政府在处理突发事件时充分发挥协调作用提供了重要指导，不过这并不能确保政府协调工作能够有条不紊地顺利开展并取得良好成效。其原因在于，从某个部门的角度出发编订的法律制度、设计的预案计划等在实际应用过程中根本无法直接安排或者管控除政府之外的其他主体，这些主体需要在其所属部门或者所在行业的制度约束下开展工作。由此可知，虽然突发事件大部分都较为紧急，需要各相关方快速响应、积极应对，不过，各相关方能否高效合理地协调取决于制度因素。换言之，在应急处理紧急事件时，政府协调能力的高低和应急协调行动协议之间具有较强关联。基于协调对象的不同，可将此类协议分为三类：一是区域政府间合作协议，二是政府与非政府组织合作协议，三是公私合作协议。

3. 应急制度更新能力

突发公共事件应对制度体系为政府等相关方快速响应并妥善处理紧急事件提供了有益指导，此类体系不单单要保证具有良好的协调性，还应支持及时调整和优化，即指的是各相关法律制度等能够随着国民经济发展态势的变化以及紧急事件的演变进行科学合理的调整，为各相关方开展高效高质量的应急合作提供可靠保障。

在突发公共事件应对中，制度的更新主要有两个环节构成：一是制度评价，二是制度修正与优化。简单来讲，制度评价是优化和调整制度的前提和基础，是制度修正的必要条件。严谨合理的制度评估可以为后期制度的修正与优化提供重要依据。应急制度改进与优化为政府及各相关方全面有效地控制突发事件提供了极大便利。应急制度修正从根本上来讲是根据实际情况重新梳理并制定制度，一旦要重新制定一个制度就会牵扯与之相关的其他制度的调整，因而制度修正的成本和复杂程度相对较高。基于此，良好的应急制度修正能力为应急工作的顺利开展提供了强大保障，同时也能够在一定程度上提高政府的协调效率和水平。

（二）应对突发公共卫生事件的政府人员协调能力

1. 应急组织体系的完整性与协调性

在当代社会发展体制下，任何一个公民都不能以完全独立的方式存在，而是以某个或若干个群体成员的身份存在。社会成员的各项活动基本上都是在特定的制度环境下开展的，往往离不开组织资源的支持和协助。从此层面来看，在政府组织并协调各相关方共同响应并处理突发事件时，政府部门各民众的协调从本质上来讲是对不同组织、不同群体的协调，所以在对政府协调对象进行探讨和研究时，应根据组织性质的不同对其进行科学合理的分类，比如公益组织、商业组织等，即便是在对某个人进行组织和协调时，也应充分考虑其所在组织和群体的制度环境，而这就直接决定了政府应急协调工作是基于不同组织、不同群体间的关系开展的，势必会受到不同组织、不同群体间关系的影响。政府协调能力的高低和应急组织体系的优势具有较强关联，一般来讲，应急组织的体系是否完善、内部是否和谐稳定将直接关系到政府协调工作的成效。

2. 应急协调主体响应水平

应急协调主体响应水平主要指的是响应并处理突发事件的个体、组织等依托于各种资源和力量控制事态发展、减弱不良影响并实现对紧急事件全面控制的能力。应急协调主体是在对突发事件的深入剖析、客观评价的基础上进行响应和处理的，不过其处理水平在一定程度上体现了政府准备工作的协调能力。一般来讲，准备工作越充分，政府协调水平越高，越有助于实现对突发事件的积极响应和全面管控。基于性质的不同，可将应急协调主体响应能力大体划分为两类，一类是民众应急能力，另一类则是政府应急能力。

3. 政府激励约束能力

在响应和处理突发公共事件的过程中，政府协调作用是否能够得到充分发挥并获得良好的成效与其采用的处理方式具有较强关联。目前，社会主体利益呈现出明显的多元化特征。政府开展协调工作的根本目的是全面有效地实现对各类安全隐患危机事务的及时甄别和有效防控，将其造成的不良影响和损失控制到最低。不过受利益以及信息等各种因素的制约，各方社会民众貌似理智的行为决策其实与公共利益相冲突，难以实现与政府之间的高效化、高质化协调。对于政府来讲，要想获得良好的协调作用，需要采取各种手段剔除一切影响社会主体参与的制约因素。激励效应较弱的传统动员方式往往会受到各种突发因素的影响，不利于应急管理工作稳步化、正常化开展，因此政府在响应和处理突发事件时，需要结合实际情况采取强硬手段进行协调和处理，以防各种各样的临时行为延误突发事件的最佳响应处理时机。在政府应急协调体系中，硬约束作用的机制主要包括两种，一是政府问责机制，二是面向协调主体的奖惩机制。

（三）应对突发公共卫生事件的政府信息协调能力

1. 政府信息协调获取能力

信息是一个宽泛的概念，主要指的是人类发展过程中传播的各种内容。客观来讲，关于突发公共事件，人们是在对其发展过程中传播的各种内容、事态演变方向进行科学合理的分析的前提下进行认识和理解的。突发公共事件的形成与演变是各方不当耦合的行为后果，也促成了反映突发事件变化情况的应急信息。由此可知，应急信息是指在响应和处理突发事件时，反映事件发生、演变过程、主体反应等的信息。

应急信息能够按照不同的标准进行不同的类别划分。从应急过程的层面来讲，可将应急信息大体划分为救援信息、风险信息等。从信息传播渠道方面来讲，可将其划分为两种，一是正式信息，即指的是由政府等权威部门在进行广泛深入的调查和分析后获取并发布的信息；二是非正式信息，即指的是由社会民众、某组织等非权威部门发布的信息。基于真实性的不同，可将应急信息大体划分为两种，一是真信息，即指的是与客观事实相符的信息；二是伪信息，即指的是与客观事实不相符的信息，此类信息往往是利用非权威渠道进行发布和传播的，虽然和公共突发事件息息相关，但是其真实性、客观性难以有效保证，容易引起公众恐慌、社会混乱。从应急过程的角度来讲，可将应急信息划分为下述三种：一是突发公共事件信息，即指的是与整个事件的形成原因、风险评估等相关内容具有密切关系的信息；二是应急人员信息，主要指的是参与急救的人员、组织信息等，比如政府信息、公共组织信息等；三是应急资源信息，即指的是在响应和处理突发事件时使用到的各种资源，比如药物、物资等信息。

应急信息是否准确客观、丰富全面从一定程度上体现了信息采集难度。在响应和处理突发事件的过程中，政府信息协调获取能力的高低将会对其应急决策的制定和实施产生较为深刻的影响，若无法及时获取准确客观的信息，那么政府应急部门将陷入迷茫之中不知所措，无法启动应急预案，也无法立足于现实情况制定出严谨合理、规范可行的处理方案。单纯地依靠政府的力量搜集应急信息是远远不够的，应尽可能地鼓励并引导广大民众加入信息搜集的行列。此时，政府应通过协调各方主体的方式共同采集信息，但是受参与主体庞大等各方面因素的影响，信息在传输过程中容易出现失真的现象，导致获得的信息的准确性、严谨性无法得到有效保障。所以，政府需要在条件允许的情况下，积极构建性能可靠、操作便捷的应急信息管理平台，赋予广大民众访问和使用平台的权限，鼓励并引导他们为政府工作的正常开展以及决策的合理制定提供重要的信息依据。

2. 政府信息协调决策能力

及时获取准确全面的信息不仅能够帮助政府部门及时甄别和合理评估风险水平，为其制定应急预案、做好各项应急准备工作提供重要指导，也能够为政府部门在响应和处理突发事件时制定明智合理的决策提供重要参考。政府在制定决策时，不可只参考其获取的信息，也需要注意听取专家的建议，分析公司等其他主体对事态演变趋势的预测和判断。在此过程中，政府是否具有良好的应急情景定义能力将直接关系到其采取的处理措施是否能够有效控制事件。政府唯有全面深入地了解应急情景定义，从多方面入手审视和剖析突发事件，才能够探寻出合理有效的处理措施。若无法正确定义应急情景，就会因错误地判断突发事件的性质、演变趋势等而造成其采取的控制措施无效，这样不仅会造成资源浪费，也容易错失突发事件的最佳响应和处理时机。

3. 政府信息协调供给能力

政府、行业专家等各相关方在进行全面深入地协调后共同编订的应急政策需在严格规范地贯彻与落实后方可发挥作用，并实现对突发事件的有效控制，继而将其造成的各种不良影响控制到最小，彻底消除隐患。政府对外下达信息、实施应急政策的过程从本质上来讲是将应急信息对外传输，以此实现对各相关主体行为的有效约束。但是需要注意到，政府处理应急事务时，有时其对外公开的信息不会对广大民众的行为产生约束作用，因为其发布的信息只是向民众描述某事件的具体发展态势。从此层面来讲，政府信息协调供给主要涉及两部分内容：一是信息传达，二是信息渲染。而这也就直接决定了政府信息协调能力也分为两种，一是信息传达能力，二是信息渲染能力。

（四）应对突发公共卫生事件的政府资源协调能力

1. 应急资源储备能力

充裕的应急资源是人们响应和控制突发公共事件的重要前提。加强资源储备，缩短资源筹集周期，降低响应成本，争取以最少的投入、最快的速度实现响应。然而，应急资源储备也并非多多益善，应结合实际情况合理储备资源，否则容易出现浪费的情况。另外，应按照相关标准对应急资源进行科学合理的分类，并按照不同的方式进行针对性存储和管理。由此可知，应急资源储备能力集中表现为对应急物资储备规模的合理控制，对应急物资的科学分类及规范存储管理等。

2. 应急资源汲取与调度能力

在应急准备环节，基于各种渠道和手段筹集的应急资源为政府等救援参与者及时响应、快速控制紧急事件提供了可靠保障。但是突发事件的处理往往需要各种大量资源，其现有储备往往难以全面有效地满足实际应急需求，应立即通过各种方法面向全社会进行筹集，在成功筹集到所需资源后，要将其集中规范地存储于仓库内并进行合理调度。所以，在响应和处置突发事件上，各相关主体的应急资源筹集和调度能力尤为重要。

3. 应急资源分配能力

应急资源的投入使用是确保危机事件积极响应并妥善处理的重要先决条件。不管是集中存储于仓库内的资源，还是面向社会通过各种渠道和方法筹集的资源，唯有被快速地调配至指定区域，其自身作用才能够得到充分发挥，实现对危机事件的全面处理。客观来讲，应急资源的分配能力是衡量和评估政府资源协调能力的主要指标。各项应急资源的自身作用能够得到充分发挥主要取决于政府资源配置能力。若资源配置不均衡，即可初步判定政府资源调集配置能力差。所以，有必要制定相应的制度，保证各项资源能够得到优化配置，促其在不同的空间充分发挥作用。应急事务处理完毕后，对于蒙受惨重损失的对象或者地区，可依托于相关机制给予一定的照顾或者补偿，其实，这也属于对应急资源的调配。尽管政府未直接参与，但其监管职能务必要积极履行，保证相关对象或者地区由突发事件造成的损失能够得到有效弥补。

B.14
突发公共卫生事件中社区流动人口管理研究
——以甘肃城关区为例

马　宁*

摘　要：　本报告探究重大传染病疫情和突发公共卫生事件中社区流动人口管理的特点以及影响社区流动人口管理的关键性因素。基于层次分析法得出结论，制作调查问卷并在社区进行抽样调查，然后整理分析调查结果，对社区基于突发公共卫生事件的健康教育问题提出路径选择：建立突发公共卫生事件健康教育站点；通过新闻媒介开展突发公共卫生事件健康教育；针对突发公共卫生事件中核心人群开展事前、事中、事后的教育和治理等措施。

关键词：　突发公共卫生事件　流动人口　甘肃城关区

一　概念界定

（一）流动人口

本报告的流动人口是指那些“现居住在非户籍登记所在地”的

* 马宁，甘肃省社会科学院社会学研究所助理研究员，研究方向为人口社会学。

人口，也就是我们常说的“人户分离”的那部分人口。然而在同一个市行政区内人户分离的人口不能被纳入本报告流动人口概念内。市行政辖区内人户分离的人口是指在空间上隶属于一个市所辖的区内，仅仅是这个人的居住场所和户口登记场所不在同一个街区。

（二）流动人口管理

流动人口管理是指管理流动人口的一种方式，主要涉及负责区域内流动人口管理服务专项工作，做好摸排，并针对不断变化的人口流动提出有见地的主导意见；流动人口背井离乡，为了让他们更快融入新的生活，流动人口管理人员在工作中对所辖社区、所辖区内企业的打工人口不但要做到数字明细清楚，信息变更登记及时、准确，同时要对流动人口做好基础性服务管理工作；除此之外，还要对一些辖区内重点流动人口做好普法工作，从而在突发事件来临时得以监控，并对其中出现的违法犯罪现象能及时发现和控制；对辖区内租赁房屋及时备案，做到月月新；对流动人口的计划生育、义务教育、生活维权、法律援助等方面提供保障措施。

二　对突发公共卫生事件中城关区社区流动人口管理评价

在探究L市城关区突发公共卫生事件中社区流动人口管理的特点过程中，笔者发现，突发公共卫生事件对L市城关区社区流动人口管理会产生众多影响，为了在众多影响因素中确定最主要的关键性因素，需运用层次分析法来分析。

目标层：重大传染病、突发公共卫生事件对L市城关区社区流动人口管理的关键性影响因素。

标准层：管理部门协调难、人财物投入增加、流动性强的群体排查难、社区工作人员不足。

方案层：管理层意识的影响因素、基层工作人员工作方法的影响因素、人口流动性目标的影响因素。

标度：为了两两比较权重，在此引入标度的概念如表1所示。

权重比重如图1所示。

表1　标度

标度 aij	定义
1	i 因素与 j 因素相同重要
3	i 因素比 j 因素略重要
5	i 因素比 j 因素较重要
7	i 因素比 j 因素非常重要
9	i 因素比 j 因素绝对重要
2,4,6,8	是以上两个判断之间中间状态对应的标准值
倒数	若 j 因素与 i 因素比较,得到的判断值为 aij = 1/aij

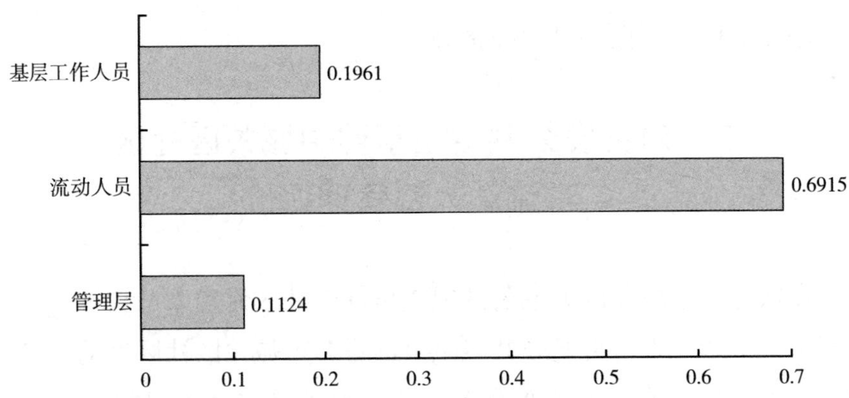

图1　决策目标：关键性影响因素

综合以上内容，通过层次分析法可看出，流动人口流动性强且难排查成为影响当前流动人口管理最关键性的因素。

三　突发公共卫生事件视域下健康教育调查及路径选择

在新冠肺炎疫情背景下，以甘肃省L市城关区亚太城市花园在疫情中流动人口的调查为相关实例，探究突发公共卫生事件视域下社区健康教育评价及其应对策略。

（一）调查对象

甘肃省L市城关区拱星墩街道五里铺西社区流动人口。

（二）调查方法

1. 抽样方法

根据研究目的，结合实际，采用判断抽样法选取甘肃省L市城关区五里铺西社区流动人口作为调查对象。选用配额抽样方法，以该单位流动人口数为单位，以年龄和性别作为控制特征，按照该单位疫情期间流动总人口的男女人数以及年龄差异计算出具体的抽样数量，抽取男、女各80名，有效总样本含量为160人。

2. 调查方法

采用拦截访问与访问该社区疫情期间流动人口记载并结合问卷调查的方式。在甘肃省L市城关区拱星墩街道五里铺西社区设立两个访问点，对当地居民进行结合访问。

（三）调查结果

按配额抽样的构成要求确定本次调查对象。借助疫情期间外来人口登记簿记载，向符合调查目的的对象，进行靶向访问，一共发出220份问卷，最终收回有效问卷共计180份。

根据问卷所得数据的统计，180份有效问卷的回答者均处于流动人口范畴，其中男女比例约为0.95∶1；年龄多为29～50岁；受教育程度主要集中在初中到本科学历阶段；主要职业为工人、小工商业者、个体经营者和公司职员。在疫情前期，由于接近过年大多数流动人口返回家乡，但是极少部分仍在兰工作；封城结束后，返家人员接到复工复产的通知，纷纷回到了工作的地方。在流动过程中，复工复产人员均做好自我防控工作，配合相关部门的检查。返回亚太城市花园后，在社区防疫措施的要求下，流动人口均登记在册并进行自主隔离，基于流动人口的特性及传染病的特征，社区防疫工作实施得更加严格，防疫志愿者不仅时常上门测量体温、了解其日常生活，还向其提供免费的医疗物资，例如腋下温度计、口罩、84消毒液等。有96%的调查者表示对社区在防疫工作中的表现非常满意，但仍有4%的调查者认为有些防疫工作进行得草率且无相关技术人员做指导，且对于部分文化程度较低又不会使用智能手机的人群来说，缺乏相关疾病防控的健康教育，不能做到自主防疫。

（四）流动人口在突发公共卫生事件中的健康教育路径选择

突发性公共卫生事件就是突然发生的，可能造成或者已经造成社会公众健康严重损害的事件，如重大传染病、群体性不明原因疾病、疫情、大面积食物及职业中毒等。

在对策上就本质而言与健康促进防病防控的对策一致，不过从效能来看前者必须体现快速、准确、广泛社会动员的要求。由于突发公共卫生事件具有突如其来、不明原因、社会群体性发生与严重损害公众健康的特性，平时的健康教育与健康促进工作在突发公共卫生事件应急体系中发挥着很重要的作用。

疾病的致病因素很多，我们不能用常规已知的固定方式来预防。必须能够通过不同渠道、不同方式来找出致病因素和疾病与环境的关系，做到生物学追踪，从平时普及健康知识教育开始提高公众应对突发公共卫生事件能力和自我保护能力，并在事件发生时避免这些致病因素，从而尽快找出解决方法，避免人群受到伤害，让人体处于相对安全状态的工作显得尤为重要。

1. 突发公共卫生事件健康教育站点

突发性公共卫生事件不是发生在个人身上的事件，涉及到的区域比较大、群体比较多。在此人群中，流动人口的不同特性决定了他们受健康教育的不特定性，所以要进行健康教育工作就不能一概而论。我们要针对不同人群的特性，多角度多层次的开展健康教育工作。为了更好地开展工作，建立突发公共卫生事件健康教育站点显得尤为重要。在建立站点的方式上，应该按照不同区域的特点做出针对性的措施。第一，城关区拱星墩街道五里铺西社区需要单独建立健康教育站点，日常健康教育工作可以在卫生行政部门协作下开展，健康教育要具有针对性。第二，城关区拱星墩街道五里铺西社区的突发公共卫生事件健康教育站点可依托本辖区的疾病防控中心，共同协作并组织健康教育站点的工作人员在中心进行基础健康知识的学习，从而及时提高对流行疾病的敏感度，进而确保健康教育工作能够高效展开。第三，城关区拱星墩街道五里铺西社区的突发公共卫生事件健康教育站点针对辖区内流动人口特征，需要对省内发生的突发公共卫生事件进行及时科学的评估，对不同工作进行分类，重点工作重点对待，重点针对社区内流动人口开展工作。

2. 通过新闻媒介开展突发公共卫生事件健康教育

城关区拱星墩街道五里铺西社区及时转变传统的健康教育理念和方式，快速反应，不仅进行了及时的口头喇叭宣传，还印刷了传单和小册子做文字传播，并且利用了听觉媒体和试听两用媒体进行传播。通过不同功能和方式的传播，不仅将准确的健康教育知识和突发公共卫生事件发生后的情况以群众喜儿乐见的形式传递到群众中，还提高了群众的向心力，大家众志成城抵抗突发卫生事件。直接形成了与主流媒体长期合作的机制，确保了源头抗疫知识在传递过程中不走样、不变形，从而提高群众认知度，降低了群体恐慌度。

3. 如何对突发公共卫生事件进行各阶段的教育融合

（1）快速准确的信息传播

处置突发公共卫生事件的关键环节就是信息传播。信息传播要快速准确。专业的健康教育工作者在事件突发时应及时与相关的专家合作沟通，引导广大群众在事件中理性面对风险。对于疾病的传染源、疫情的通报、疾病的传播渠道和易患病人群，要教授其行之有效的可操作的自我防护方法。对于宣传的方式要根据针对性、有效性和科学性的原则，量身定做多种媒体进行传播，如小册子、传单、漫画、口号等。

健康教育工作者是直接与群众对接的人。要带给群众科学权威的信息，就必须与专家、主流传媒紧密联合互动，并与强势媒体联合，快速精准地整理突发信息，依托卫生部门组织流行病学专家、医生等为公众及时答疑解惑，向公众普及防控疾病的知识，及时稳定公众不安情绪，尤其针对基层和偏远地区这些信息不通畅的层级，更要变换方式畅通人与人的信息沟通渠道。应急状态下可以利用的一切手段如拨打私人电话、社区信息联通系统，在有网络的地区，所有网站首页上做信息弹出发布，在民族地区，可以辅以地方语言进行热线咨询电话服务，为当地民众答疑解惑。

（2）加强人力资源开发

①突发公共卫生事件中医护人员的全员培训。培训重点是疑似病例的发现、报告、防护、密切接触者的管理等。这项工作一般由专业的学校和医院负责。医患关系一直是这些年的痛点。如何融洽医护人员与病患之间的关系，可作为培训的一项主要内容。具体培训工作可

由卫生健康专业人员来做。

②对开展健康教育工作的专业人员的培训。突发公共卫生事件来临时，普通民众肯定会产生心理问题或心理危机，谣言传播更会加重民众心理问题或心理危机，不利于事件的解决和平息。事件发生时，群众急需得到权威力量的帮助。因此，健康教育者除了需要具备相关的资格证书之外，还需要有一定的应急能力和心理素质。必须对从事健康教育的人员进行处理突发事件的能力培训及演练。建议把该项内容完善到整体培训计划内，甚至可以加入考核体系，从而提高专业人员素质和业务水平。

③公众的培训。突发公共卫生事件中的群众具有两面性，公共卫生事件一旦发生，处在第一现场的群众不单是被救护的对象，也是自救后成为救他人的主体。保持较好的心理状态，掌握一些基础抗压知识，将会降低突发公共卫生事件对自身的危害。“谣言止于智者”，理性的思维方式、正确及时的信息沟通和及时的疏导，有助于缓解恐慌焦虑情绪。这些措施都有利于调控负面情绪、消除消极态度、促进积极有效的互助行为，从而更好地应对突发卫生事件引发的心理危机。

（3）心理危机干预

心理危机干预是一种个体无法处理心理挫折和危机时第三者介入的治疗分担方式，通过对个体进行医疗方式的干预，最终引导其能够回归到之前正常生活状态的一种心理治疗方法。它是在事件发生后医疗救援工作中不可或缺的一个部分，必须要与健康教育工作结合进行，才能达到事半而功倍的效果。健康教育工作能够让群众在突发事件发生前后了解到人的正常心理反应，并通过学习能够掌握一些简单有效易操作的纾解紧张情绪的方法，从而在事件发生前后保持理性健康的心态。心理干预能够阻止极端应激事件所导致的不良后果，促进普通群众健康心理重建，起到降低突发公共卫生事件对个体造成的挫折心理影响，避免带给群众长期的社会痛苦，影响群众生产生活，从而使他们以健康积极的姿态快速投入新的社会生活中。

四 L市城关区突发公共卫生事件中社区流动人口应对管理策略

L市现辖5个区和3个县，据统计流动人口在活动期超过100万人次。如此大规模人口流动是经济社会发展的需要，同时也会给经济社会带来巨大的公共安全风险。针对L市流动人口治理中存在的治理机制不健全、治理政策碎片化、治理手段落后等问题，以本次疫情为契机，总结疫情期间的工作成果，对加快构建社区治理机制的科学化，搭建科学治理体系和提高流动人口治理能力是有百利而无一害的（见图2）。

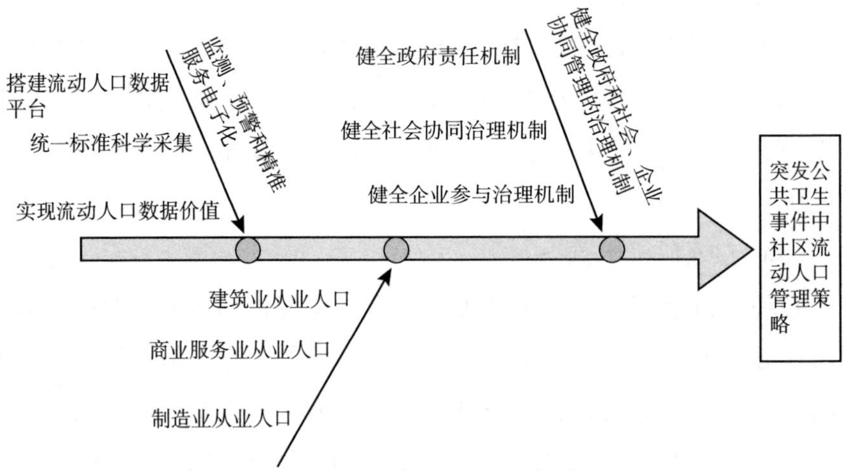

图2 突发公共卫生事件中流动人口管理策略

（一）健全政府和社会、企业协同管理的治理机制

本次新冠肺炎疫情防控过程中，我们已经在全国层面上采取了

大规模的人口流动管控措施，层层落实体制内机关、各企事业单位、基层群众组织和可控个人的疫情防控责任，从成效看在短期内隔绝了疫情传播扩散途径，取得了很好的成效。但同时也阻碍了人口的正常流动，导致阶段性的经济下滑。人口必须流动，否则社会就无法恢复正常生活秩序。流动人口近年来表现出的特点决定了流动人口治理工作绝对不是单一工作机制能够做到的，必须协调流出地与流入地户籍管理，社区与警务工作紧密联系，片警协助加强暂住人口登记管理，社区摸清本辖区内人口流动的流向与流动人口的底数，这样才能在公共卫生突发事件来临时提供准确数据、快速做出反应。

1. 健全政府在突发公共事件中的责任机制

打破壁垒，进一步加强流动人口流入地和流出地两地政府间合作共同治理的工作机制；对于城乡社区流动人口的管理服务要建立长效机制；进一步加强流动人口权利保障机制；发挥社会力量的作用，建立有社会公益组织参与的公共卫生突发事件救助机制；在流动人口往返频次高的区域、城市及时间段进行短频次的监控并做出相应的预警措施等。

2. 健全社会协同治理机制

建议增加政府购买力度。以增加资金投入等方式，通过政府层面完善社会组织管理、有目的的培育和扶持公益性社会组织，从而在突发公共卫生事件发生时有可用之人，可靠之人。

3. 建立企业参与治理机制

私人企业一直是人口流动相对较为集中的区域，要通过对企业用工源头的管理、员工居住方式的管理，让私人企业主负起主体责任。与此同时，企业内部要建立健全党组织，明确党领导一切的宗旨，引领流动人口组建以党小组为中心的自治组织，提升打工人员的自我认识、自我管理和自我服务的水平。

（二）监测、预警和精准服务电子化的治理机制

此次新冠疫情阻击战之所以取得阶段性的胜利，大数据的应用功不可没。大数据在疫情突发初始，对病例的信息及时采集、反馈以及轨迹溯源等方面都发挥的作用，是任何传统方式都不可能替代的。针对流动人口特点，现代科技表现出了精准及时的优越性。通过这次实际操作，我们可以以此方法推动流动人口智能化管理方式升级。

1. 搭建流动人口数据信息平台

尽早整合各部门的统计数据。众所周知，我们国家各部门如公安部门、民政部门、统计部门、卫生健康委员会、各科研机构及企业等因为不同的要求其统计数据的目的和口径不尽相同，最终呈现的流动人口数据也不尽相同，因此建议在保障国家安全、商业秘密以及个人隐私的基础上，建立一个新的统计系统，这个新信息平台能够实时共享各部门的流动人口基础数据，从而在工作中取得更高效的成果。

2. 统一标准科学采集数据

由于采集部门和采集方式的不同，长期以来流动人口数据采集不够准确客观，呈现出数据量大、来源广泛、层级复杂的特点。最主要的问题是缺乏共享机制。针对此情况，我们应该建立统一的标准、统一的规范，形成一个各部门都能够使用的流动人口数据库，这样在突发卫生公共事件发生时能够在第一时间进行分析，从而提高回溯的准确性，把病毒的传播控制在最小范围内。

3. 实现流动人口大数据价值

如果以上建议都能实现，则整合流动人口大数据在突发公共安全事件来临时就能更好地服务于社会。我们可以通过新的信息平台开展流动人口动态监测，还可以利用多种分析方法科学预测突发事件的发生率和方向，及早做出预防，从而推动流动人口管理水平的整体提升。

（三）建立分类施策、分层构筑和分片落实制度

流动人口按照流动的性质划分，可以分为经济型流动人口和社会型流动人口两类。其中，经济型流动人口数量比较大，他们流动到异地主要是以转变生存方式为目的，比如知识积累和经济基础薄弱的农村剩余劳动力，这部分人口就业的目的地主要集中在劳动力密集型产业中。社会型流动人口的数量相对较少，这类人的目的不是改变生活方式，而是以改变居住环境而流动，其流动具有无规模、随机性和非常态的特征。在突发公共事件中，有一类人被称为易感人群，这类人除了医学意义上体质较弱的个体外，还有社会学意义上易感人群，即流动人口。

对此，我们可以针对两种流动人口的不同性质，以及不同的居住空间和就业方向来分而治之，通过提升社区卫生健康管理水平来实现流动人口的有效保护和风险管理。

1. 建筑业从业人口

由于建筑业自身的特点，建筑业从业人员采取以企业的统一住宿安排为主的居住方式，在居住空间上各方面条件不是很优质，存在居住人员密集、卫生条件差、安全措施不完善等问题。因此建议由公共卫生部门和土地规划部门联合执法，把健康评估和保护务工人员的项目添加到工程质量最终的评估中。健康评估的必要内容有：居住环境是否具有一定的通风采光条件、是否安全，在饮食方面是否达到卫生需求，社区规定的卫生防疫工作是否按时完成，是否具备相关急救、防控设备和物资以及意外发生时的分区隔离设施等。

2. 商业服务业从业人口

商业服务业从业人口在居住方式上以零散自租型为主。他们已混杂在流入地居民之中，已成为无法分辨的一部分。那么针对他们，社区工作显得尤为重要，这部分流动人口的管理方式，平时要和常驻居

民的管理方式一致。不同的是如果一旦在辖区内发生了突发公共卫生事件，社区工作人员要针对这部分租赁居住者实行专门化的管理，即以社区为单位，对重点突发公共卫生事件中的流动人口做到“拉网式”排摸和健康评估工作，并主动协同卫生部门确立权威的联动机制，及时分片将防护责任落实到人。

3. 制造业从业人口

制造业从业人口在居住方式上有着和建筑业一样的特点，但在居住空间上又与建筑业有区别。他们以集体宿舍和公寓为主，居住质量明显高于建筑业人员，在人员管理上又和建筑业类同。因此，可以作为一个人员相对固定的独立社区进行管理，在其原有管理项目中加入突发事件的自治能力。在特定的阶段可以实行集体宿舍的“封闭式管理”，与社区联动的综合治理机制一道，共同实现对集体宿舍以外的外来人员进行自主报备排查和跟踪管理；社区为其提供必要的生活便利并进行适当的心理疏导，企业则为其提供工作上的全面支持和温情关怀。

参考文献

刘达、郭炎、祝莹等：《集体行动视角下的社区规划辨析与实践》，《规划师》2018 年第 2 期。

李慧凤：《社区治理与社会管理体制创新——基于宁波市社区案例研究》，《公共管理学报》2010 年第 1 期。

周弦：《15 分钟社区生活圈视角的单元规划公共服务设施布局评估——以上海市黄浦区为例》。

行政院卫生署：《健康国民白皮书》，2009。

胡国清：《我国突发公共卫生事件应对能力评价体系研究》，中南大学硕士学位论文，2006。

陆勇：《论公共卫生安全问题及对策—以突发公共卫生事件为对象的研

究》，复旦大学硕士学位论文，2006。

林凡磊：《突发公共卫生事件应急管理研究》，江苏大学硕士学位论文，2010。

李孝君：《应对突发公共卫生事件的机制与政策研究》，国防科学技术大学硕士学位论文，2004。

高志胜：《突发公共卫生事件中卫生部门的作用探讨》，《中国食品卫生杂志》2004 年第 6 期。

庞连智、蔡静芳、施永兴：《社区在应对突发性公共卫生事件中的角色职能及对策研究》，《中国行为医学科学》2003 年第 5 期。

李惠：《试论应对突发公共卫生事件的法制建设》，《法律与医学》2004 年第 2 期。

花菊香：《突发公共卫生事件的应对策略探讨——多部门合作模式的社会工作介入研究》，《学术论坛》2004 年第 4 期。

徐鹏、罗力、郝模等：《突发公共卫生事件的监测、预测及预警工作的质量控制指标研究》，《公共卫生与预防医学》2006 年第 3 期。

谭晓东、陈小青、王凤婕：《突发性公共卫生事件预防和控制概述》，《中国公共卫生》2003 年第 8 期。

中国疾病预防控制中心：《卫生部甲型 H1N1 流感疫情信息通报》，2009。

毋谦、王济源、李长清：《健康教育及健康传播在应对突发公共卫生事件中的作用》，《健康教育》2012 年第 3 期。

刘宏：《广告在健康传播中的作用》，《中国健康教育》2010 年第 26 期。

宋迪文：《互联网在健康传播中的特点》，《健康教育与健康促进》2009 年第 4 期。

张俊青、李晓铷、孙锋等：《突发公共卫生事件中公众危机干预现状及需求分析》，《中国健康教育》2010 年第 26 期。

张丽萍：《当代中国建立公共卫生体系的战略思考与对策研究》，东北师范大学硕士学位论文，2007。

吕资之：《健康教育与健康促进》，北京大学医学出版社，2008。

张向明：《应对突发公共卫生事件的健康教育策略》，《慢性病学》2013 年第 14 期。

B.15
甘肃城乡居民健康生活方式培育研究

段翠清*

摘　要：　培育健康的生活方式是提升居民健康素养的有效策略和基础。近年来，随着健康甘肃战略的深入推进，培育城乡居民健康生活方式成为当下健康促进政策实施的重要路径。本报告在对近年来影响城乡居民健康素养的吸烟、饮酒、体育锻炼、作息方式、饮食习惯等日常生活行为方式进行调查的基础上，分析得出甘肃省目前城乡居民生活方式、生活状态和影响因素，并在此基础上提出了进一步推进甘肃省城乡居民健康生活方式的对策建议。

关键词：　城乡居民　生活方式　甘肃

近年来，随着健康中国战略的实施，国家和各省（区、市）下发了一系列政策、文件和规划，对我国居民的健康素养越来越重视。自全球暴发新冠肺炎疫情以来，健康自律的生活方式逐渐成为人们生活的常态，也是预防疾病、提升居民自身健康素养的关键。同时，积极、阳光、健康的生活方式也是健康中国战略的关键路径，具有举足轻重的作用。居民健康生活方式培育，包括健康知识的获得，在个人

* 段翠清，甘肃省社会科学院副研究员，研究方向为农村经济学、环境科学。

的生活中形成健康规律的生活作息行为，具有能够预防疾病的知识能力储备和技能，并最终将这些相关的健康知识体系转化为健康行为，将贯穿日常生活的方方面面。

一 健康生活方式培育的重要意义

（一）培育健康的生活方式是提升居民健康素养的有效策略和基础

健康的生活方式是指居民在日常生活中能够养成合理饮食、适量运动、戒烟限酒，并具有有益于身心健康的良好生活习惯，形成良好健康素养和自主自律的健康行为。践行健康文明的生活方式是最有效的维护和促进健康的策略。世界卫生组织总结全球的研究时发现，在影响个人健康与寿命的四大因素中，生物学遗传因素占15%，环境因素占17%，卫生服务占8%，生活方式与行为占60%。如果采取健康的生活方式，可以预防80%的心脑血管病、80%的Ⅱ型糖尿病、55%的高血压和40%的恶性肿瘤。[①] 因此，培育正确的生活方式既是健康战略实施的基础，也是健康战略实施的终极目标，只有让居民养成自助自律的健康生活方式，并让这种生活方式成为居民日常生活的一部分，才可以高效持续地提升居民的健康素养并有效地维持在一定水平，健康中国战略才可以真正实现。

（二）培育居民健康的生活方式是促进健康发展最经济有效的策略

伴随着经济水平和生活水平的快速提升，人们的工作和生活节奏

① 《健康生活方式从我做起》，《光明日报》2016年9月26日。

的不断加快，高血压、糖尿病、高血脂等慢性非传染类疾病发病率不断提高，发病年龄趋于年轻化，这些疾病已成为我国居民的主要死亡原因。[①] 这些慢性病时刻隐藏在居民生活的各个方面，成为城乡居民日常生活的重要负担。同时，我国传染病的发病率也是居高不下。据统计，2019 年，全国甲、乙类传染病报告发病 307.2 万例，报告死亡 24981 人，报告发病数居前 5 位的是病毒性肝炎、肺结核、梅毒、淋病和猩红热，占甲、乙类传染病报告发病总数的 91.1%，报告死亡数居前 5 位的是艾滋病、肺结核、病毒性肝炎、狂犬病和流行性出血热，占甲、乙类传染病报告死亡总数的 99.6%（见表 1）；全国丙类传染病除丝虫病无发病和死亡病例报告外，其余 10 种共报告发病 717.2 万例，死亡 304 人，报告发病数居前 5 位的病种依次为流行性感冒、手足口病、其他感染性腹泻病、流行性腮腺炎和急性出血性结膜炎，占丙类传染病报告发病总数的 99.5%，报告死亡数较多的病种依次为流行性感冒、手足口病和其他感染性腹泻病，占丙类传染病报告死亡总数的 99.3%（见表 2）。[②] 上述这些慢性病的发病率逐年居高不下的原因与人们平时抽烟、饮酒、肥胖、饮食结构不合理、心理压力过大、经常失眠等不健康的生活习惯和状态有很大的关系。

因此，践行健康文明的生活方式能够有效降低慢性病的发病率和缓解慢性病的发病症状，并且可以有效减少患传染病的风险率，进而减少政府医疗费用的投入和城乡居民治病费用的投入，是最经济的健康策略。研究结果表明，对居民进行健康的生活方式干预使高血压患者所占比例从 2016 年的 39.79% 下降到 2018 年的 20.5%，并在一定程度上改善体重指数、血压、血脂和血糖等心血管病危险因素，尤其

---

① 中华人民共和国国家健康委员会：《国家慢性病综合防控示范区建设——第九届全球健康促进大会》。

② 《2019 年我国卫生健康事业发展统计公报》。

表1　全国甲、乙类传染病报告发病及死亡数

单位：人

病名	发病例数		死亡人数	
	2018	2019	2018	2019
鼠疫	0	5	0	1
霍乱	28	16	0	0
传染性非典型肺炎	0	0	0	0
艾滋病	64170	71204	18780	20999
病毒性肝炎	1280015	1286691	531	575
脊髓灰质炎	0	0	0	0
人感染高致病性禽流感	0	0	0	0
麻疹	3940	2974	1	0
流行性出血热	11966	9596	97	44
狂犬病	422	290	410	276
流行性乙型脑炎	1800	416	135	13
登革热	5136	22188	1	3
炭疽	336	297	3	1
细菌性和阿米巴性痢疾	91152	81075	1	1
肺结核	823342	775764	3149	2990
伤寒和副伤寒	10843	9274	2	0
流行性脑脊髓膜炎	104	111	10	6
百日咳	22057	30027	2	2
白喉	0	0	0	0
新生儿破伤风	83	65	4	5
猩红热	78864	81737	0	0
布鲁氏菌病	37947	44036	0	1
淋病	133156	117938	1	0
梅毒	494867	535819	39	42
钩端螺旋体病	157	214	1	2
血吸虫病	144	113	0	0
疟疾	2518	2487	6	19
人感染 H7N9 禽流感	2	1	1	1
总　计	3063049	3072338	23174	24981

资料来源：国家卫生健康委：《2019 年我国卫生健康事业发展统计公报》，2020 年 6 月 6 日。

表 2　全国丙类传染病报告发病及死亡数

单位：人

病名	发病例数		死亡人数	
	2018	2019	2018	2019
流行性感冒	765186	3538213	153	269
流行性腮腺炎	259071	299961	0	0
风疹	3930	32539	0	0
急性出血性结膜炎	38250	41439	0	0
麻风病	225	233	0	0
斑疹伤寒	971	1173	0	0
黑热病	160	151	0	0
包虫病	4327	4003	0	2
丝虫病	0	0	0	0
其他感染性腹泻病	1282270	1335627	15	13
手足口病	2353310	1918830	35	20
合计	4707700	7172169	203	304

资料来源：国家卫生健康委：《2019 年我国卫生健康事业发展统计公报》，2020 年 6 月 6 日。

对初次发现低危高血压、血脂异常及糖尿病的患者，效果明显。① 发达国家为更好地提升本国居民的健康素养，投入了大量的财力。美国于 20 世纪 70 年代将大量的财力投入健康促进事业当中，其中，仅健康教育每年投入就高达 15 亿美元，用于开设健康教育专业，增加医疗实施，使美国在 1900 ~ 1977 年，死于急性传染病的人数由 580 人/10 万人降到 30 人/10 万人；75 岁前死于传染病的仅占传染病患者总数的 1%。② 德国每年投入 4000 万马克以上的经费用于健康

① 刘志艳、鲍艳江、刘威、郭雪微：《健康生活方式对心血管病危险因素的影响》，《中国社区医师》2020 年第 15 期。

② 李主军、陈俊国、李书章、张乐游：《国外健康教育与健康促进的发展与思索》，《重庆医学》2006 年第 6 期。

教育。世界银行2012年发布的中国慢性病流行报告指出，我国50%以上的慢性疾病负担可通过改变生活方式和控制行为风险进行预防。[①]

（三）培育居民健康的生活方式是健康甘肃建设的终极目标

开展健康教育，建立健康社区，健全社区居民健康档案，创建高效的健康促进模式，将健康融入到一切政策当中去，就是为了能够帮助城乡居民增强身体素质，提升自我健康意识，提高健康素养水平，从而抵御慢性病的入侵或者减轻慢性病给身体带来的负担。相对而言，培育健康文明的生活方式就是将健康的意识深深根植于居民生活，从而形成有助于自身的健康生活观和生活方式，这样既有益于维护身心健康，也有助于推动社会文明的发展。可以说，健康生活方式的培育与健康中国的建设相辅相成，相互促进，相互发展，相互推动。

二　甘肃省城乡居民健康生活方式现状分析

甘肃省自2014年开始实施健康促进政策，2016年发布了《“健康甘肃2030”规划》，2017年印发《甘肃省全民健康生活方式行动实施方案（2017～2025年）》。同时，甘肃省每年定期发布年度甘肃省健康素养促进行动项目实施方案等一些政策文件和规划、法规，使健康甘肃计划有序推进。

健康生活方式的养成和培育作为健康甘肃的终极目标之一，是健康甘肃行动计划在甘肃省有效贯彻实施的最好体现，也是保证居民健康素养提升和维持的关键和基础。那么，近年来甘肃省城乡居民健康生活方式的养成状况如何？健康甘肃行动计划的实施对城乡居民养成健康的生活方式是否起到了促进作用？为寻求答案，本课题采用问卷

① 《健康生活方式从我做起》，《光明日报》2016年9月26日。

调查的方法，选择兰州、白银、天水、定西、武威、临夏等地的城乡居民作为调查对象，对影响城乡居民健康素养的吸烟、饮酒、体育锻炼、作息方式、饮食习惯等日常生活行为方式进行了调查。调查结果为后续更好地培养甘肃省城乡居民健康的生活方式提供了参考。

（一）调查基本情况

调研组在兰州、白银、天水、定西、武威、临夏等地选择了12个样本区，走访调查民众1000余次，共发放问卷1200份，回收有效问卷1109份，回收问卷有效率为92.41%。在调查对象中男性有624人，女性485人，男女比例为1.28∶1，城市居民有560人，农村居民有549人，城乡居民比接近1∶1。调查对象平均年龄41.23岁，年龄集中分布在25～60岁，约占总样本的85.8%，文化程度集中在高中、本科阶段，占总样本的70%，被调查的民众涵盖了甘肃省各行各业和各类文化程度的城乡居民。

（二）调查结果

1. 居民对健康生活方式有一定迫切的需要

经过近5年健康甘肃的建设和各级政府的大力宣传，再加上对公共医疗卫生的大力投入，居民对自我健康素养的提升有了一定的重视，特别是城市居民对自我健康的保护意识明显增强。经调查，有78.96%的居民对健康促进相关政策有一定的了解，城市居民对健康政策的了解程度达到了82%，农村居民为74%。但是对健康甘肃建设相关政策有深入了解的比例却不是很高，总体达到了53.8%，但是农村居民对健康甘肃政策的深入了解程度远远低于城市居民。据了解，甘肃省自2016年开展健康甘肃建设工作以来，每年度都出台相应的政策文件积极宣传，让健康生活深入人心。但是，从目前的调查情况看，城乡居民对健康相关政策虽然有一定的了解，但了解得不深，理解不够。健康生活方式的培育需要根植于居民生活的方方面面，才能对健康素养的提升和维持起到保障和支撑作用。那么对健康相关知识的深入理解就显得尤为重要。

2. 居民不良饮食习惯有所改善

经调查，受访民众有 65.34% 表示自己从不吸烟，有 23.85% 表示自己偶尔会吸烟，有 10.81% 表示自己经常吸烟；有 63.15% 表示自己偶尔喝酒，但是不会醉酒，有 15.42% 表示自己一周会喝 2 ~ 3 次酒，并且有醉酒的现象，有 21.43% 表示自己基本不喝酒。在饮食结构方面，有 22.65% 的民众比较注意饮食搭配，有 18.69% 的民众日常饮食以清淡食物为主，有 30.67% 的民众晚饭一般吃得比较多，有 65.87% 的民众早上会吃早餐，有 58.94% 的民众日常饮食以肉食为主。对城乡居民 BMI 的调查发现，有 78.6% 的民众知晓什么是 BMI，还有 42.4% 的民众不知道什么是 BMI，BMI 小于 18 的占 13.4%，18 < BMI < 25 的占 53.7%，BMI > 25 的占 32.9%。经过健康促进、健康素养行动等一系列政策的宣传和引导，城乡居民的生活习惯逐渐向健康的生活方式转变，吸烟、过度饮酒的人数占比下降到 10% 左右。但是在饮食习惯方面，城市居民在饮食结构上荤素搭配不均衡。城市居民的饮食过于油腻，而且饮食时间主要集中在晚餐，年轻人有不规律吃早餐的习惯；农村居民饮食以面食为主，容易引起肥胖。有 1/3 的被访民众身体 BMI 指数超标，处于肥胖阶段。

3. 城乡居民生活习惯有所改善

健康的生活方式不仅是在饮食上，还包括健康的身体素养、规律的生活、适量的运动和足够的睡眠。近年来，健康甘肃行动计划的实施逐渐引导居民向健康的生活方式转变。通过为社区居民建立健康档案，定期进行免费的身体检查，新建健康文化广场，定期举办健康知识讲座和文体活动等一系列措施，督促城乡居民养成健康的生活习惯。据调查，在被访民众中，近半年保持一周有 3 次以上高强度锻炼，且每次时间保持在30分钟以上的只占18.9%，且多数为城市居民；平均每周能够锻炼1~2次的占比为30.1%，平均每周锻炼次数少于1次的占比为21.8%，从不锻炼的占比为23.6%；近半年每天睡眠时间能够保证在7~8个小时的占67.8%，睡眠时间少于5小时的占7.9%，睡眠时间在5~6个小时的占18.4%，睡眠时间在9小时以上的占5.9%，自我感觉睡眠质量良好的占55.6%，感觉睡眠质量一般的占40.7%，感觉睡眠质量较差的占3.7%。

4. 城乡居民心理健康问题比较普遍

拥有健康的心理是保持健康生活方式的基础，只有拥有良好健康的心理，才能形成良好的生活习惯。据调查，被访人员中有30.9%表示在近一年的时间中接受过2次以上类似的健康教育和心理辅导讲座，有54.5%在近一年的时间中接受过1次类似的健康教育和心理辅导讲座，还有14.6%没有接受过类似的健康教育和心理辅导讲座。但是，在被询问到自己平时在生活中是否会出现焦虑、烦躁、睡眠不足等情况时，有90%以上的被访民众表示自己会出现这些心理症状，其中有30.1%的被访民众表示会经常出现这种症状，且出现这些症状时，9成以上的居民选择让其自然消失，而不是选择咨询心理医生。同时，在面对小感冒和慢性病时有5成以上的被访民众会选择去正规医院就医，有34.9%的被访民众选择去小诊所买药或有抗一抗就过去的心态，在万不得已时才会选择去看医生，而且其中有8成以上认为存在看病难和看病贵的问题，认为当前看病费用较高，难以承受。随着生活节奏的加快，生活压力会越来越大，人们在生活中出现轻微心理症状的现象也显得非常普遍。这就需要人们养成良好的自我心理调节能力，有必要时咨询心理医生，适时进行心理疏导，将对自我身心健康起到很好的调节作用。现在虽然有部分社区建立了心理咨询诊室，但是专业人员配备不到位、人们对心理咨询抵触、收费难以承受等问题，使心理咨询很难普及和被人们正常接受。

三 影响城乡居民健康生活方式培育的因素

影响健康生活方式与行为普及的主要因素包括内在因素和外在因素。内在主观因素包括居民文化程度、意识程度、年龄、生活习惯等，小到住宅周边健身场馆可及性，大到社会、经济、环境污染问题都会对健康生活方式普及产生影响。政府政策扶持、资金投入、社会经济、文化、环境等因素也会对居民践行生活方式与健康行为产生影响。①

城乡居民健康生活方式的培育受居民年龄、性别、知识水平、区域差别、经济收入、生态环境等多种因素的影响，其培育过程是一个综合因素相互交织影响的过程。

（一）年龄、性别因素

不同的性别、年龄阶段生活方式不尽相同，健康素养水平也不尽相同。本次调查结果显示，甘肃省男性居民的健康生活方式与行为素养水平均高于女性居民，从年龄分布来看，25～34 岁年龄组居民健康生活方式与行为素养水平最高，65～69 岁居民健康素养水平最低，这主要由于65 岁以上老年人文化程度较低，对健康知识获取的能力欠缺，但考虑到随着生活水平的提高、健康知识的教育与普及，以及自身由于衰老身体机能下降而对健康的关注程度较高，这部分人群对生活方式的关注和践行程度也提升较快。随着生活节奏的加快，15～24 岁人群的健康素养水平和生活方式健康程度有所下降，青少年缺乏运动、饮食结构不合理而导致的肥胖问题凸显，生活在城市的青少年群体尤为突出。但是，在 15～24 岁这个年龄阶段，正是个体形成

① 叶仪芳：《江苏省城乡居民健康生活方式与行为素养状况研究》，南京医科大学硕士学位论文，2019。

个人品质及品性的关键阶段，在这一阶段塑造的行为及性格对个体有深远的影响，若在少年期间养成了不良的行为习惯，那么在成年期的矫正会趋于困难，因此健康教育工作者应对此给予高度的重视。[①]

（二）区域差异

区域文化的差异、经济发展的差异对居民平时的生活习惯和方式的养成都有很大的影响。本次调查结果显示，城市居民在健康生活方式的自我培养意识上和行为上都明显好于农村居民。70 年的现代化建设，使我国城市发展水平突飞猛进，但同时遗留了很多城市与农村发展不均衡的问题。比如，城市居民的吸烟人数明显少于农村居民，城市居民的膳食结构明显好于农村居民，城市居民所享有的医疗资源明显优于农村居民，城市居民享有的活动场所和设施优于农村居民，城市居民享有更浓厚的文化氛围。在本次调查的对象中，83% 以上的农村居民平时的饮食一般以面食为主，而 9 成以上的城市居民的饮食种类丰富，肉、蛋、奶、蔬菜、水果搭配。近 7 成的农村居民表示自己的健康素养水平提升速度较慢，而有近 9 成的城市居民表示自己的健康素养水平和生活水平提升速度很快，其中还有 60% 以上的城市居民表示现在需要控制肉类的摄入量，避免肥胖。在运动设施的提供方面，城乡居民也表现出较大的差异：居住在农村地区的被访对象中，有 65% 以上的被访对象认为自己生活所在地缺乏用于锻炼的便捷的体育器材，居住在乡镇地区的被访对象中，有 50% 以上的被访对象也认为自己生活所在地不能提供便捷的体育设施和场所用于平时的锻炼，而认为自己生活所在地所配备的体育器材和活动场所比较便捷的被访对象中，有 8 成以上生活在城市或城郊地区。

① 叶仪芳：《江苏省城乡居民健康生活方式与行为素养状况研究》，南京医科大学硕士学位论文，2019。

（三）自身素养的差异

居民自身知识水平直接决定居民对健康的认识程度。近年来，健康中国、健康甘肃等新型健康政策的宣讲越来越多，通过健康教育、健康促进等方式促进城乡居民改进生活方式、提升自我健康素养水平。但是，健康促进政策的实施效果与居民自我意识、知识水平，以及对新知识、新理念的接受程度都有很大的关系。例如，虽然近年来国家和省级等各个层面都在深入宣传健康促进政策，大力推进新农合，提升基层医疗服务水平，鼓励居民看小病、防大病。但是在调查中发现，有 54.43% 的被访对象会选择去正规大医院就诊，有 19.65% 的被访者会选择去小诊所就诊，有 19.64% 的被访对象会自己买药吃，不去医院就诊，还有 6.28% 的被访对象不去医院或诊所就诊，先自己忍住，拖一阵再看看。仍有近 5 成的被访民众面对一些慢性疾病会选择在家扛一扛，而且在选择去正规医院进行治疗的被访对象中，60% 以上是管理阶层或者专业技术人员。从学历层次上看，75% 以上具有研究生学历和 60% 以上具有本科学历的被访对象会选择去正规大医院看病，而只有 20% 具有小学学历的被访对象会选择去正规医院看病。这说明学历越高，或者经济收入越高越稳定，人们对自身健康状况会越重视。

（四）经济发展水平

经济发展水平决定居民收入水平，居民收入水平决定生活方式，正所谓经济基层决定上层建筑。居民健康生活方式的培育需要一定物力、财力、人力的支持。比如，引导居民养成经常进行体育锻炼的习惯，就必须在居民居住区附近提供便捷的运动场所和丰富的运动设施，营造良好的运动锻炼氛围；引导居民养成良好的饮食习惯，就必须进行生态修复，构建优良的生物环境；引导居民形成良好的保健习惯，就必须建立健全卫生基础设施和医疗场所，有足够的医疗专业人才作为保障；引导居民拥有良好的心理状态，就必须提升居民生活水平，减少生活压力。一定财力、物力的投入为居民健康生活方式的养成提供必备的物质基础。本次调查结果显示，有83.67%的被访对象认为存在看病贵、看病难的问题，有6成以上的民众对当前医护人员的医术水平和服务态度表示不满意或认为一般，有8成的民众对医疗服务的水平和效果表示不满意或一般，只有2成左右的被访对象认为自己生活地区配备了比较齐全的体育器材和场所，平时使用起来也非常便捷。有4成以上的被访对象认为所在地基本不能通过使用体育设施来进行平时的体育锻炼，有74.56%的民众表示自己生活区域周边的体育氛围不强，有83.41%的民众表示目前生活压力太大，无暇锻炼，并因此会造成睡眠质量不高、焦虑等问题的出现。

四 加快城乡居民健康生活方式培育的对策建议

（一）加强健康教育，进行深入宣传

目前，甘肃省在全省范围开展了健康促进和健康行动，出台了相应的实施方案，通过培训健康方式指导员，在贫困地区建立健康档案，兴建文化广场，在各县区开展“三减三健”宣传活动，督促城乡居民建立有序的健康生活方式，提升自身健康素养水平。这一系列宣传活动的举办，起到了一定的效果，居民吸烟人数相对减少，健康意识有所提升，慢性病的预防和早期治疗效果有了一定的显现。但是，总体来看，通过这种大面积系统性的宣传和教育，其效果不是很明显。城乡居民对怎样建立合理的饮食结构，水果是否能够代替蔬菜、豆制品，如何进行健康心理的调节都不甚了解，合理的运动时间和方式的知晓率处于60%左右，居民在内心深处并没有树立起自我

保健并督促自己行动的强烈意识。下一步，建议进行深入宣传，使健康教育更加精细化。在建立健康档案的基础上，应以社区为单位，因地制宜，逐个排查，深入了解城乡居民，尤其是农村居民的健康状况、生活习惯、知识水平，从而在摸清个人生活状况、身体状况和接受能力的基础上，进行分类分组，并分别制订因地制宜的健康宣传和教育计划，在精细化方面实现突破。

（二）加快乡村振兴建设，促进区域平衡发展

无论是自我健康意识、健康行为、基础设施、学历结构，还是收入水平，城市居民都明显优于农村居民。近年来，国家正在实施精准扶贫战略，大力发展乡村振兴产业，促进城乡一体化发展，这是消除农村贫困的绝好时机。据调查，在农村居民致贫返贫的原因中，疾病占据了很大的比重，这彰显了在农村地区开展健康扶贫的重要性。实施城乡一体化发展战略，促进乡村振兴，是建立全民健康生活方式的制度基础，只有促进区域平衡发展，提升农村居民收入水平，提高农村居民生活质量，增强农村居民健康意识，助力健康扶贫，才能从根本上培养农村居民健康的生活方式。

（三）注重青少年健康方式培育，发挥家庭医生作用

近年来，随着居民生活水平的提高，城市青少年的健康素养有下降的趋势，这主要是由饮食结构不合理、营养过剩、学业压力过大、缺乏必要的运动造成的。青少年时期是健康生活方式养成的关键时期，对健康生活方式的培育极为重要。研究表明，如果青少年时期健康素养偏低，人们更容易养成吸烟、酗酒、不规律的生活方式，并难以改变。因此，需要从学校和家庭两方面着手，一方面在学校要通过加强健康教育引导学生接受健康信息，减轻学生的课业负担，有意识地让学生保持健康的生活方式，另一方面家长要以身作则，构建合理

的饮食结构，适时增加体育锻炼的时间，营造出一种轻松和谐的重视健康的家庭氛围。同时，在有条件的地区和家庭可以引入家庭医生计划，通过定期寻访，时刻提醒居民进行健康生活方式的培育。

（四）加强生态环境绿色建设工程，实施“心理健康”专项行动

为居民提供一个良好的生态环境，不仅可以愉悦居民的身心，也为居民的健康生活保障加砖添瓦。近年来，由于土壤污染、水资源污染、大气污染、噪声污染等各类污染源的增加和面源污染的扩大，人们的生活环境越来越恶劣，食物和饮用水安全受到严重威胁，从而导致居民患上各类疾病的概率逐年提高，严重威胁到居民的身心健康。要培育居民健康的生活方式，提升居民的健康素养，就要加强生态环境建设，加强土壤重金属污染的治理，杜绝水源地污染，倡导绿色的低碳出行方式，为居民打造优美舒适的居住环境。

良好的生态环境有助于提高居民身心健康水平，而良好的身心健康是居民形成健康生活方式的基石。目前，社会以及居民自身都将健康生活方式培育的关注点放在了身体健康层面，对心理健康、社会适应能力以及道德健康的认识欠缺。有些居民甚至在谈到“心理”相关问题时不是刻意回避就是什么也不知道。因此，要加强单位、学校、医院和基层的心理健康科普活动，提高居民接受的程度，引导居民有意识地营造积极心态，调适情绪困扰与心理压力，保持积极、乐观、向上的心理状态。

（五）加强人才队伍建设，为健康服务提供人力资源基础保障

培育居民健康的生活方式，需要有大量的医疗专业人才从事健康宣讲、健康教育、心理咨询、健康引导、治病救人、疾病防控以及公

共卫生服务等方面的工作，基层医疗服务方面尤为如此。因此，要加强基层人才队伍建设，严格执行卫生技术人员岗位准入制度。推进乡村医生向执业助理医师和执业医师转化，加强村医培训。提升基层医疗卫生人员学历层次，着重培养一批本土型、扎根型大专以上基层医学人才。加强以全科医师为重点的社区卫生人才队伍建设，建立临床培训基地和基层实践基地。医疗卫生机构加强继续医学教育和在职培训的功能，落实县级及以下医疗卫生机构卫生技术人员接受3个月以上的半脱产培训的规定并实现培训全覆盖。每个县建立1所卫生计生人才培养基地，将老年医学、康复、护理人才，儿科、妇产科、乡村医生作为急需紧缺人才纳入卫生计生人员培训规划。

加大实用型人才培养力度，支持有条件的卫生学校升级为卫生职业学院。鼓励高等医学院校预防医学类专业毕业生到基层公共卫生及计生机构工作，提高人员学历水平。加强中医药人才队伍建设。建立健全卫生监督人员培养体系，推进卫生监督员职位分级管理试点工作。认真落实护理岗位管理制度，加强专科护士培训，充实临床一线护士队伍，提高护理人员待遇。完善住院医师规范化培训制度。保证甘肃省各级各类医疗机构所有新进拟从事临床工作的临床医学类、口腔医学类、中医类和中西医结合类本科及以上学历毕业生均接受住院医师规范化培训。

参考文献

邵鹏、王齐、单英骥：《基于文本分析的黄河流域生态保护与高质量发展研究》，《干旱区资源与环境》2020年第11期。

王宏炜、许英：《居民收入对健康状况的影响——基于CFPS的实证研究》，《统计与管理》2020年第10期。

陈华：《关于示范引领黄河流域生态保护和高质量发展先行区建设的思考》，《银川日报》2020 年 9 月 24 日。

田文富：《构建黄河流域生态保护和高质量发展一体化的绿色经济文化带》，《农村·农业·农民》（B 版）2020 年第 9 版。

张贡生：《黄河流域生态保护和高质量发展：内涵与路径》，《哈尔滨工业大学学报》（社会科学版）2020 年第 5 期。

刘昌明、刘小莽、田巍、谢佳鑫：《黄河流域生态保护和高质量发展亟待解决缺水问题》，《人民黄河》2020 年第 9 期。

查雨欣等：《健康支持性环境对四川农村人群的不同血压水平的影响分析》，《现代预防医学》2020 年第 17 期。

王燕：《"互联网 + 健康管理"模式对体检血脂异常人群院外健康生活方式的影响》，《内蒙古医学杂志》2020 年第 8 期。

尹作亮、陈家起：《健康中国背景下我国体医融合的路径研究》，《内江科技》2020 年第 8 期。

栾晶等：《互联网互动健康教育下的居民健康素养研究》，《健康教育与健康促进》2020 年第 4 期。

陈娜、郑蔚、张丽、郭学娜：《中青年高血压患者健康生活方式的研究进展》，《河南医学研究》2020 年第 22 期。

陈旭鹏、赵金慧、杨菲菲、姬尔高、石呈、汪娜：《2019 年东西部两市居民健康素养水平现况与促进策略》，《中国健康教育》2020 年第 7 期。

S 基本子库
SUB DATABASE

中国社会发展数据库（下设12个子库）

整合国内外中国社会发展研究成果，汇聚独家统计数据、深度分析报告，涉及社会、人口、政治、教育、法律等12个领域，为了解中国社会发展动态、跟踪社会核心热点、分析社会发展趋势提供一站式资源搜索和数据服务。

中国经济发展数据库（下设12个子库）

围绕国内外中国经济发展主题研究报告、学术资讯、基础数据等资料构建，内容涵盖宏观经济、农业经济、工业经济、产业经济等12个重点经济领域，为实时掌控经济运行态势、把握经济发展规律、洞察经济形势、进行经济决策提供参考和依据。

中国行业发展数据库（下设17个子库）

以中国国民经济行业分类为依据，覆盖金融业、旅游、医疗卫生、交通运输、能源矿产等100多个行业，跟踪分析国民经济相关行业市场运行状况和政策导向，汇集行业发展前沿资讯，为投资、从业及各种经济决策提供理论基础和实践指导。

中国区域发展数据库（下设6个子库）

对中国特定区域内的经济、社会、文化等领域现状与发展情况进行深度分析和预测，研究层级至县及县以下行政区，涉及地区、区域经济体、城市、农村等不同维度，为地方经济社会宏观态势研究、发展经验研究、案例分析提供数据服务。

中国文化传媒数据库（下设18个子库）

汇聚文化传媒领域专家观点、热点资讯，梳理国内外中国文化发展相关学术研究成果、一手统计数据，涵盖文化产业、新闻传播、电影娱乐、文学艺术、群众文化等18个重点研究领域。为文化传媒研究提供相关数据、研究报告和综合分析服务。

世界经济与国际关系数据库（下设6个子库）

立足"皮书系列"世界经济、国际关系相关学术资源，整合世界经济、国际政治、世界文化与科技、全球性问题、国际组织与国际法、区域研究6大领域研究成果，为世界经济与国际关系研究提供全方位数据分析，为决策和形势研判提供参考。

法律声明

“皮书系列”（含蓝皮书、绿皮书、黄皮书）之品牌由社会科学文献出版社最早使用并持续至今，现已被中国图书市场所熟知。“皮书系列”的相关商标已在中华人民共和国国家工商行政管理总局商标局注册，如LOGO（）、皮书、Pishu、经济蓝皮书、社会蓝皮书等。“皮书系列”图书的注册商标专用权及封面设计、版式设计的著作权均为社会科学文献出版社所有。未经社会科学文献出版社书面授权许可，任何使用与“皮书系列”图书注册商标、封面设计、版式设计相同或者近似的文字、图形或其组合的行为均系侵权行为。

经作者授权，本书的专有出版权及信息网络传播权等为社会科学文献出版社享有。未经社会科学文献出版社书面授权许可，任何就本书内容的复制、发行或以数字形式进行网络传播的行为均系侵权行为。

社会科学文献出版社将通过法律途径追究上述侵权行为的法律责任，维护自身合法权益。

欢迎社会各界人士对侵犯社会科学文献出版社上述权利的侵权行为进行举报。电话：010-59367121，电子邮箱：fawubu@ssap.cn。

社会科学文献出版社